絶品・日本の歴史建築

［西日本編］

磯 達雄
宮沢 洋

日経プレミアシリーズ

はじめに

２０２０年、世界の価値観は大きく変わった。旅のスタイルも大きく変わるかもしれない。しかし、この新書版をつくるに当たり、各建物の記事を読み返して、「これらの感動は変わらない。むしろその意味を増す」と感じた。

＊　＊　＊

文章担当の磯達雄と、イラスト担当の宮沢洋が西日本にある歴史的建造物（歴史建築）を実際に訪れ、特に心を動かされた29件を選んでリポートしたのが本書である。

単行本版（タイトルは『旅行が楽しくなる日本遺産巡礼　西日本30選』）を発刊したのは、２０１４年。前書きはこんなふうに始まる。「世界遺産が注目を集めている。世界遺産に登録された施設には確かにため息が出るような絶品が多いが、海外からお墨付きをもらって初めて訪れるというのは、日本人としては少し寂しい。国内には、世界遺産の登録・申請中の有無にかかわらず、必見の歴史遺産がたくさんある」。当時はメディアがやたらと「世界遺産」を煽っていた頃で、観光振興にはそれも必要と思いつつも、「日本にはそんなお墨付きとは関係なく、いい建築がもっともっとある！」というのが当時の我々の思いだった。

そして2020年の今、海外旅行にはなかなか行きにくい状況となり、「旅に出たい」という思いが限界まで高まっている人が多いに違いない。でも国内で何を見ればいいの？やっぱり世界遺産に登録された寺社仏閣？　もっと幅広く見てみたいけれど、歴史建築の知識はないし……。そんな人に、この本はうってつけだと思う。

実は我々も、現代建築には多少の専門知識はあったものの、江戸時代以前の歴史建築に関しては素人同然だった。ここで共著者の2人が何者かを少しだけ説明させていただくと、文章担当の磯達雄は現代の建築物を中心に取材・執筆を行っている建築ライターだ。イラスト担当の宮沢(私)は、イラストレーターではなく、本業は建築専門誌『日経アーキテクチュア』の編集者(当時)。文とイラストの2人組で戦後の建築物を巡る「建築巡礼」という連載を始めたのが05年のことだ。連載が6年ほど続いて、「戦前の古い建築も巡ってみよう」と、対象を歴史建築に変えたのが11〜14年だった。本書の記事は、その連載がベースになっている。繰り返しになるが、我々2人に歴史建築の知識はほとんどなく、宮沢にいたっては

「法隆寺」の形もイメージできないくらいのレベルだった（75ページのイラスト参照）。

しかし、予備知識がないゆえ、それぞれの建築での感動が新鮮だった。見た後に文献を調べて「そうだったのか！」と気づくのもまた面白かった。そして、今、新書をつくるために読み返すと、そうした感動が全くあせずによみがえる。コロナによる変化なんて、悠久の歴史から見ればちっぽけなものさ、と言われているようだ。

旅行の計画を練る前に、あるいは「いつか行きたい旅」のために、本書をぱらぱらとめくってみてほしい。きっとこれまでの旅とは違う楽しみが発見できるはずだ。

＊＊＊

ちなみに、2020年は我々2人にとっても大転機で、磯と宮沢はこの春から2人で編集事務所を共同主宰している。『日経アーキテクチュア』での建築巡礼の連載は今も続く（現在は「ポストモダン＋α編」）。機会があればそちらもぜひ見てほしい。

2020年9月

宮沢 洋〔Office Bunga共同主宰、単行本版発刊時は日経アーキテクチュア副編集長〕

目次

Part. 2 奈良・大阪・兵庫

じっくりと見たい は8～10ページ、
ちらりとでも見たい は2ページの記事です。

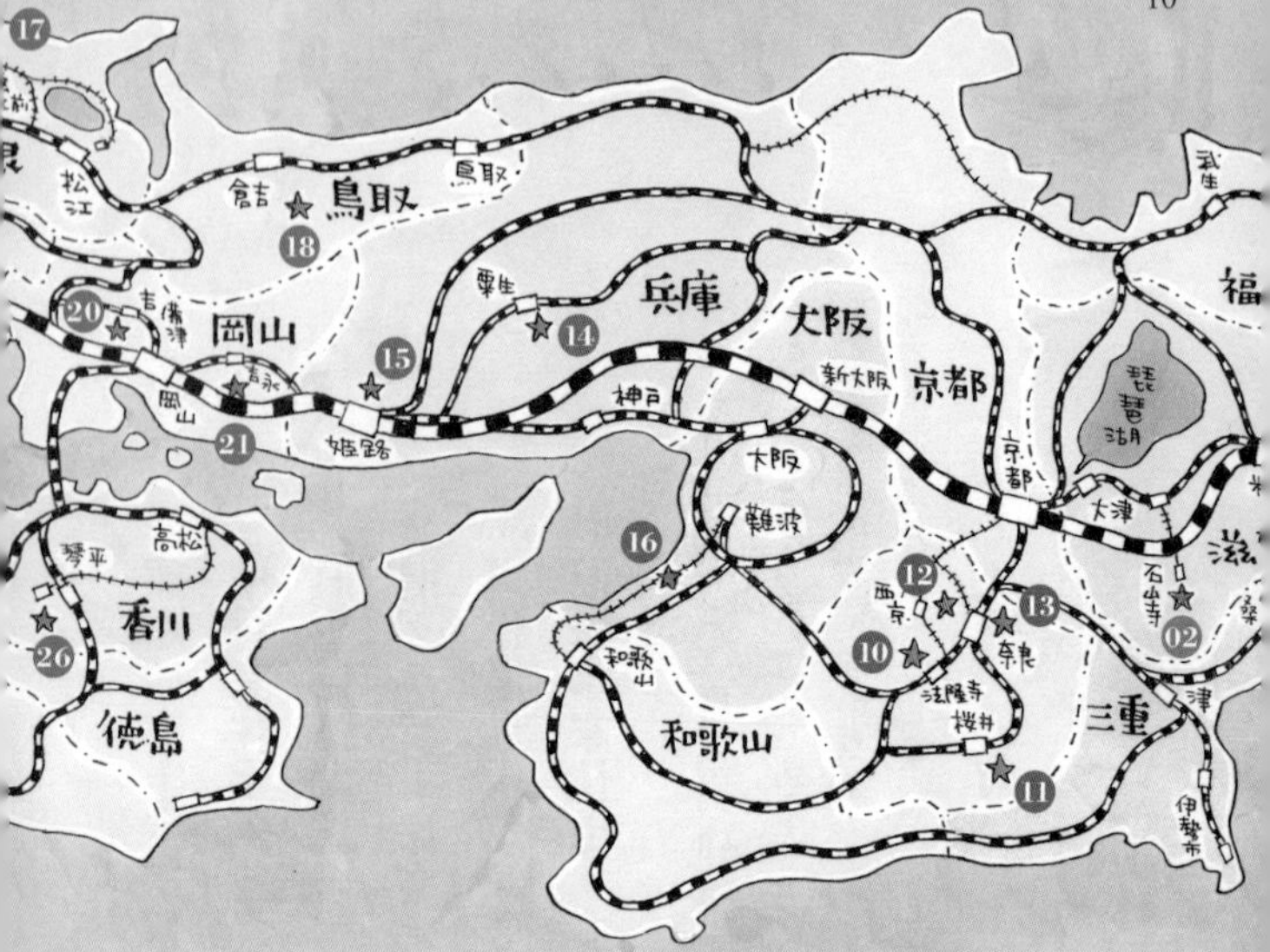

西日本29選全図

※巡礼地のおよその位置を示すもので、方位や距離は正確ではない。
また、目的地への移動に関係の薄い路線は省略した

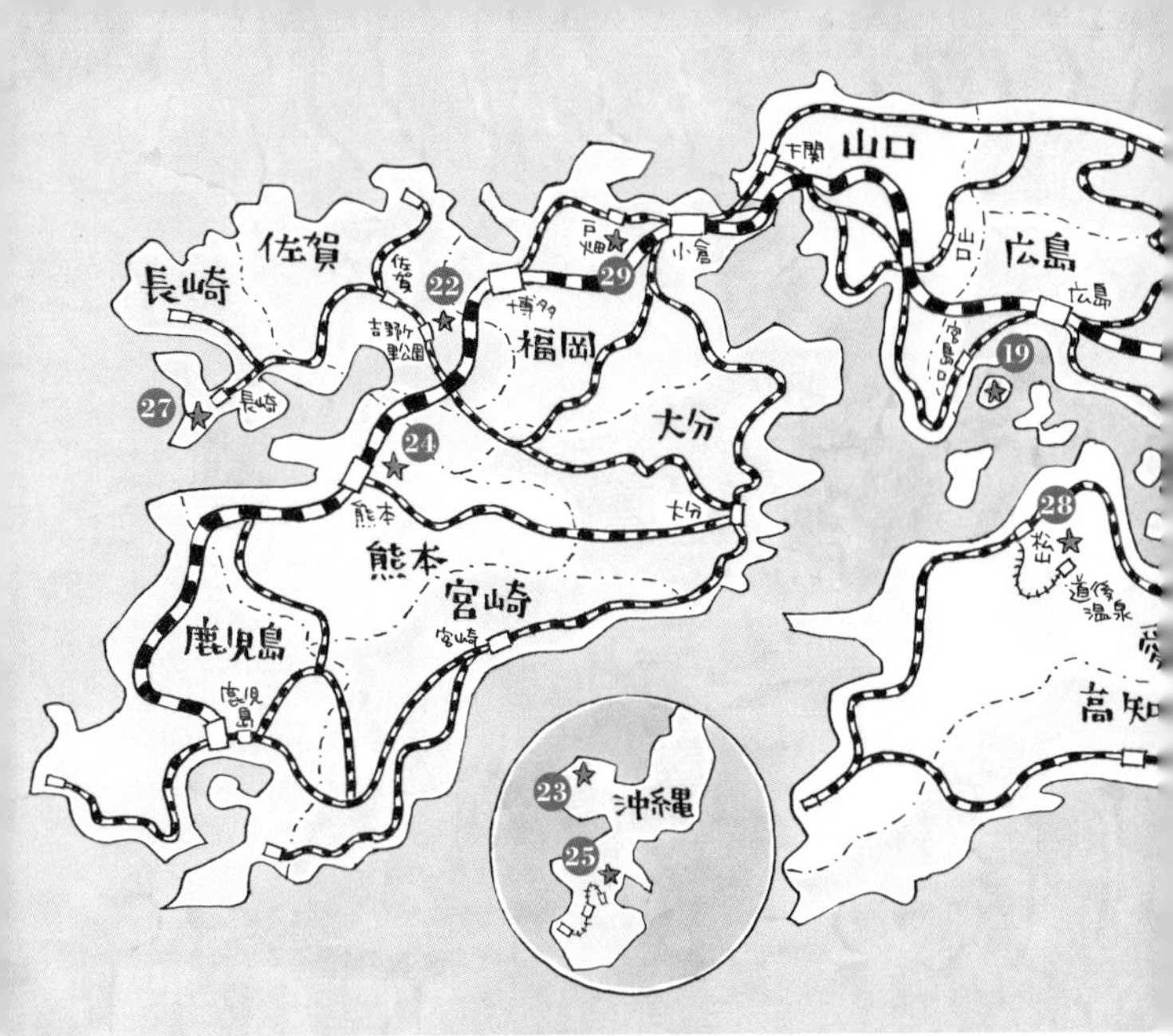
山口
下関
佐賀
長崎
佐賀
22
戸畑
29
小倉
山口
広島
広島
博多
福岡
吉野ケ里公園
19
宮島口
27
長崎
24
大分
大分
熊本
28
松山
道後温泉
熊本
宮崎
宮崎
鹿児島
鹿児島
高知
23
沖縄
25

京都

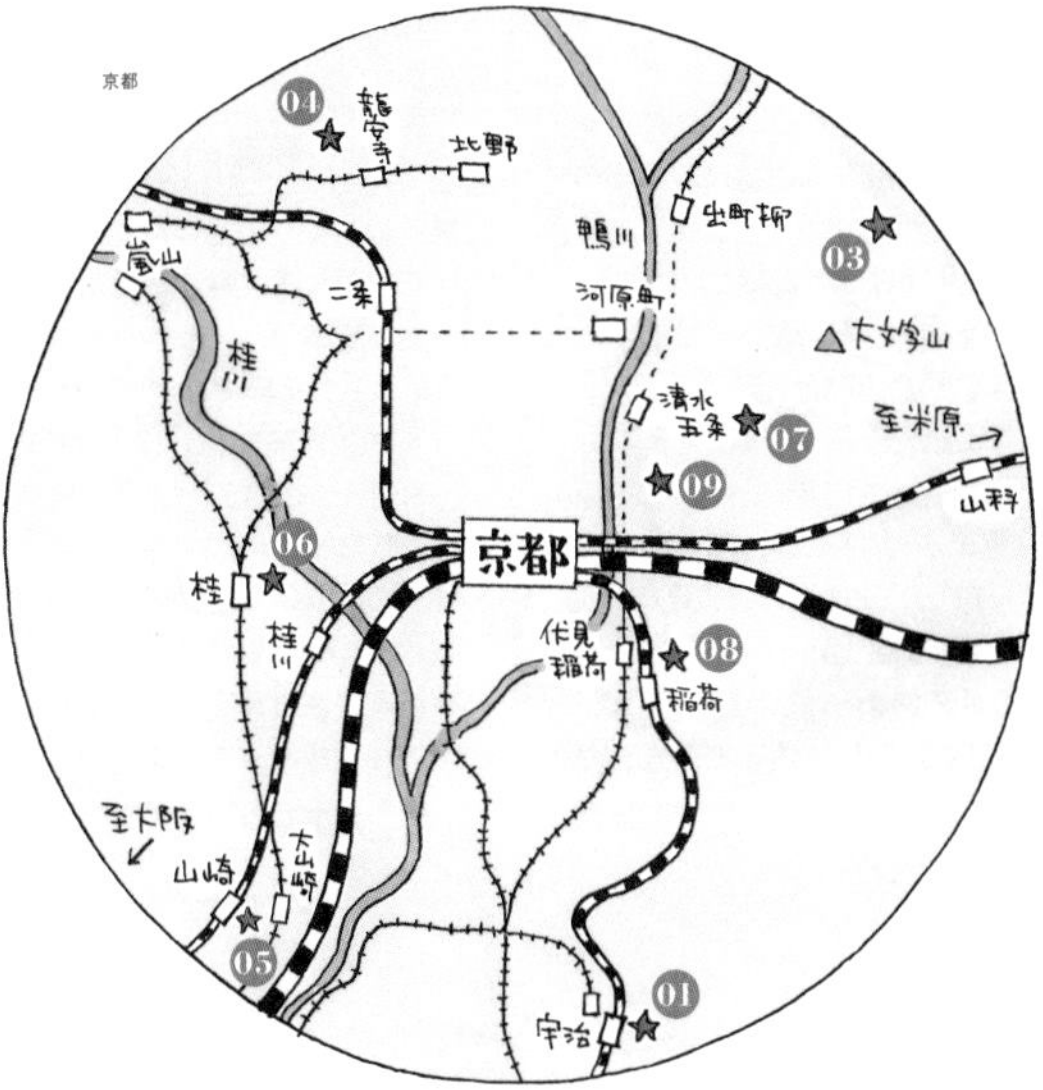
04
龍安寺
北野
出町柳
03
鴨川
嵐山
二条
河原町
大文字山
桂川
清水五条
07
至米原
09
山科
06
京都
桂
伏見稲荷
08
桂川
稲荷
至大阪
山崎
大山崎
05
01
宇治

本書の読み方

選び方と掲載順

●磯達雄、宮沢洋が実際に現地を訪れて、「行ってみないとその良さが分からない」と感じた歴史建築を計約60件選んだ（公的機関が選定したものではない）。本書はそのうち、西日本の29件分を収録したものである。

●福井県と三重県は東日本に含めた。

年代の分け方

●本書では紀元前から1914年（大正3年）までにつくられた歴史建築を取り上げた。1914年を区切りとしたのは、書籍化した年の2014年からみてちょうど100年前となるため。

●各記事の建物名の隣は7つの印を付けて、主となる建物のおよその建設時期が分かるようにした。7つの区分は以下のとおり。

先史～飛鳥	紀元前～709年まで
奈良	710～793年
平安	794～1184年
鎌倉	1185～1332年
室町～安土桃山	1333～1614年
江戸	1615～1867年
明治～大正3年	1868～1914年

●掲載順を決める際の建設年は、我々が着目した「建築の形式」が最初につくられたのはいつかを判断基準とした。

＊文化庁の建立年代区分に準拠した

概要データの見方

営業時間や休館日、入館料は2020年9月時点の情報。現地を訪れる前には、公式HPなどでご確認いただきたい。

現地で写真を撮る際に参考となる建物の向きなどを記した。「撮影不可」と書いていないものも、それぞれの施設が撮影可であると公式に発表しているわけではない。私的利用のために撮影することを容認しているケースが多いので、ブログやツイッターなどに載せてよいかは、当該施設にご確認いただきたい。

執筆の分担

●「じっくりと見たい」で取り上げた施設の長文は、磯達雄が執筆した。記事は、イラストも含め基本的に、『日経アーキテクチュア』連載「建築巡礼」（2011年9月10日号～14年12月10日号）を加筆修正したもの。

●人物コラムは磯達雄が執筆した。

●イラストはすべて宮沢洋が担当。

●記事冒頭の写真で特記のないものは、磯達雄、宮沢洋のいずれかが撮影したもの。

Part.
1

京都
滋賀

修復工事を終えた鳳凰堂を北東方向から見下ろす（写真：平等院）

平安時代

じっくりと見たい

平等院鳳凰堂

01

京都府宇治市
平安時代中期

平等院は京都府宇治市にある単立寺院。阿弥陀如来像を安置する鳳凰堂は、池に向かって翼を広げた鳳凰のような平面形で、「左右対称」の日本建築の代表格とされる。もともとは藤原氏の別荘地で、庭園を含む壮麗な空間は藤原一族の栄華を今に伝える。鳳凰堂は２０１４年に外観の修復工事を終え、赤茶色が鮮明になった。

終末の浜辺

京都から鉄道に乗って南へ30分弱で宇治に着く。源氏物語・宇治十帖の舞台ともなったこの地は、平安時代の貴族のリゾート地だった。目的地である平等院も、もともとは宇治院という別荘があったとされる。これを藤原道長の長男、頼通が浄土宗の寺院につくり直した。石畳の参道を進むと門があり、そこを抜けると境内に入る。右へと回りこむ道を進んでいくと池が現れ、そして有名な鳳凰堂が見えてくる。

指定 世界遺産（古都京都の文化財）、国宝
建設時期 1053年
設計者 不詳

8：30～17：30（17：15受付終了）。鳳凰堂内部拝観の受付は9：50～15：50。無休（各回20名定員）
大人600円（入園＋鳳翔館）。鳳凰堂内部拝観は300円
池側の外観は東向き。内部の撮影は不可
京都府宇治市宇治蓮華116
JR宇治駅、京阪・宇治駅から徒歩約10分

遠目には一体に見えるが、平等院鳳凰堂は4つの建物から成っている。真ん中にある中堂と、その左右に延びる翼廊、そして背後に延びる尾廊である。

中堂内には須弥壇《しゅみだん》があり、その上に阿弥陀如来像が鎮座する。これを拝観するには、右（北）側の翼廊の床下をくぐってアプローチすることになる。ピロティ状に持ち上げられた翼廊は、室内の天井高が1mほどしかなく、大人は立つことすらできない。そこに上がる階段もない。内部はあっても機能的には使えない空間になっている。

建築と彫刻の違いを、内部に人が入れる空間があるかどうかにおく説明の仕方がある。しかし、古代の建築においては必ずしもそうではない。人間のための空間があるかどうかは、二の次である。

翼廊は隅楼が載っているため3階建てにも見えるが、実用上は0階建てといえる。

◆実はこう見えて1階建て

法隆寺の頁（72ページ）で、五重塔は5階建てに見えるが実は1階建てだということを書いた。この建物でも、外観上の階数と実用上の床の数は大きく食い違っている。古代の建築

10円玉の刻印。そして
1万円札の鳳凰…。
日本国
十円
NIPPON GINKO
10000 YEN
おそらく建築の「図像」としては、日本人の頭に最も強
く刷り込まれている平等院鳳凰堂。
実物は想像していた以上に
かっこいい！ でも、10円
玉のイメージとは
違っていた。
うわ、
浮いてる
鳳凰がよく
見えない…
板壁かと
思ってた…
こんな大胆なピロティ
建築だったとは…。
真壁造の柱・梁と、しっくいの
白との対比も鮮やか。❶
建築もすごいが、池の形が絶妙。「ここから見て」と
言わんばかりのビューポイントが数カ所
あり、見学者はそこに来ると、写真撮りまくり。
阿字池
N
❷ 10円玉でおなじみの真正面。
❸ おお、浮世絵のよう。
ランドスケープに
よって建築の
ビューポイント
設定する手法
は、古建築界
安藤忠雄？

※イラストは外壁修復前の2012年に描いたものです

においては、フロアの概念が現在と全く違っていたことが分かる。

実用的な意味がないとすれば、この翼廊は何のために建てられたのか。それは、外から眺めるためであろう。言い換えれば、ランドスケープの一要素としてデザインされたのだ。

池の東側に回ると、10円硬貨にも描かれた、おなじみの立面が現れる。左右対称に翼廊を延ばした姿は、鑑賞者の視界を横にぐんと広げる。シネマスコープ（垂直よりも水平方向が2倍以上広い画面）の映画を初めて見たときの感動を思い出す。

翼廊は柱で高く持ち上げられていることにより、空中に浮かんでいるかのようである。視線の抜けを損なわないために、尾廊は中堂の後ろにまっすぐ延ばして、中堂の背後に隠している。なお、現状は翼廊も基壇の上に載っているが、創建当初は池が翼廊の下まで入り込んでいたという。いっそうの浮遊感だったことだろう。

建物の姿は手前の水面に映って、上下の対称性も見せている。タージ・マハル（インド、1653年）ほか、水面の反射を生かした建築は世界にもいくつかあるが、日本の代表はまずこの平等院鳳凰堂だろう。

ちなみに、現代建築には建築本体に上下対称を施した例もある。これを試みた建築家のひ阿弥陀如来坐像（定朝作）のある中堂は建設当時、極彩色の空間だった。

当初は仏像の背後にも連子窓が
あり、西側からも光が入ったらしい。

阿弥陀如来坐像は、格子
戸越しに、池の対岸からも
姿が見えるようになっている。
（昼間はよく見えないが）

夕暮れ時、仏像が夕日に
浮かび上がる効果を狙った

外からも堂内が見える。2階はあっても階段なし。究極の「見せるための建築」。

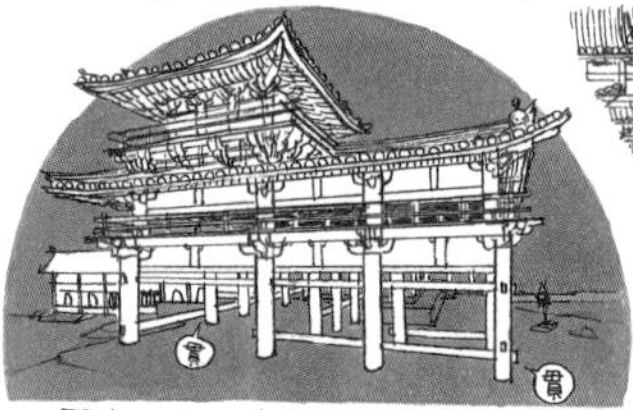

翼廊のピロティ部分は、立体格子が
印象的。だが、柱同士をつなぐ貫《ぬき》は、
鎌倉時代以降に加えられたもの。
それ以前、翼廊は倒壊を繰り返していた
とも。そこまでして、浮かせて見せたいか！

よく見ると、翼廊の2階は
中堂とつながっていない。
それどころか、2階に上が
る階段がないっ！

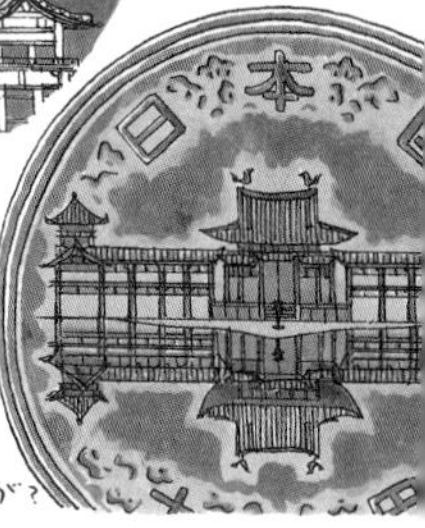

この浮遊感を10円玉に
も反映してほしい。造幣
局の方、ラッキーコインとして
こんなのを混ぜてはいかが？

とりが高松伸で、「織陣3期」（1986年）の側面や「KIRIN PLAZA OSAKA」（1987年）の一部にそれが現れている（いずれも現存せず）。高松は、京都を本拠地として活動する建築家だ。高松の脳裏には、平等院鳳凰堂のイメージがあったのではあるまいか。

◆浄土式デザインは現代建築にも

さて仏教のある教典では、お釈迦様が没して2000年（別の説では1500年）が過ぎると、仏法の力が及ばなくなる末法の時代が来るという。そして平安時代には、その末法が1052年に訪れるとの説が流れる。ノストラダムスの大予言みたいなものである。

そして人々は、この世の中を汚れた世界として否定し、あの世に行きたいと願うようになる。これが「厭離穢土《おんりえど》、欣求浄土《ごんぐじょうど》」の考え方だ。

平等院が建てられたのは1053年。末法の時代に入ってすぐである。「この世」の終わりに直面して、「あの世」である極楽浄土を「この世」に現出させたのがこの建物なのだ。

見る者に浄土を感じさせる仕掛けとしては、中堂内の彫刻や装飾がまず挙げられるが、庭園のデザイン自体も効いている。

浄土式庭園では、池と阿弥陀堂が洲浜（洲を模した浜辺）で接するという形式を採る。このうち、阿弥陀堂が直交するグリッドに載った整形のプランなのに対し、池は不整形の形をしている。平等院の池も、上から見ると勾玉《まがたま》のような形をしていて非対称だ。この対比によって、「この世」から「あの世」を眺めている感覚を生み出しているのだ。

実はこうした対比的なものを重ね合わせる手法は、モダニズム以降の建築や都市計画でも見られるものである。例えば、ベルナール・チュミが設計した、パリのラ・ヴィレット公園（1989年）は、広大な緑地に真っ赤なフォリーが厳密なグリッドに従って配置された。

日本でいえば、丹下健三とそのグループが設計した大阪万博のお祭り広場（1970年）では、均質なスペースフレームを、太陽の塔の不均質な造形が突き破っている。

20世紀に浄土式庭園のデザインがよみがえっていること。これは現代が末法であるという証なのだろうか。

ウエストがくびれた見事なシルエット

鎌倉時代

ちらりとでも見たい

石山寺多宝塔

02

滋賀県大津市
鎌倉時代前期

鎌倉時代初期の1194年に建設された日本最古の多宝塔。

多宝塔とは、もこし（裳階）の平面が方形で、中央部の平面が円形の仏塔をいう。

石山寺の多宝塔は軒の出が深い優美な形状で、日本三大多宝塔の1つともされる。

石山寺は紫式部が「源氏物語」を書き始めた場所といわれ、源氏物語ファンの来訪も多い。

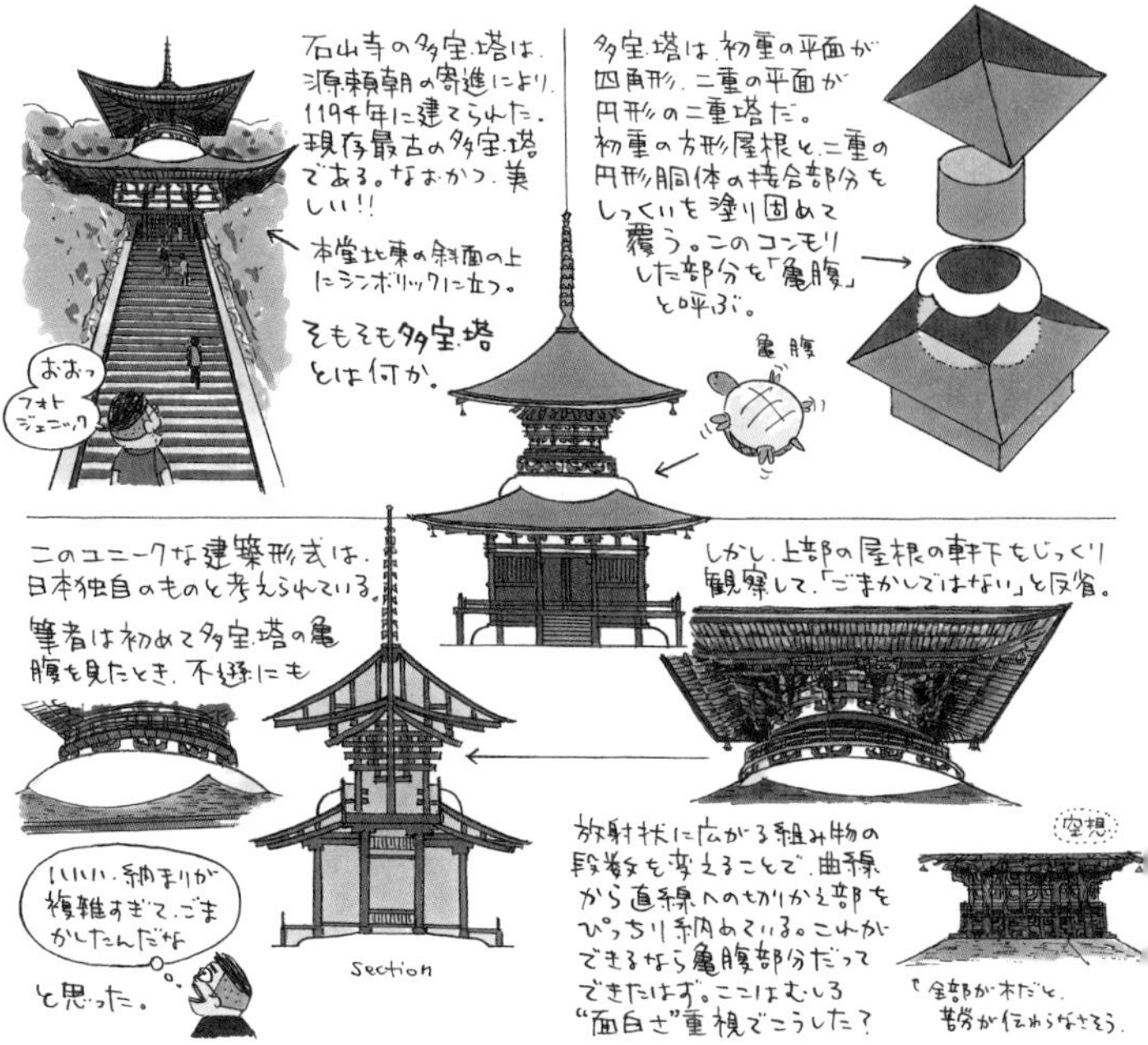
石山寺の多宝塔は、源頼朝の寄進により、1194年に建てられた。現存最古の多宝塔である。なおかつ、美しい!!
本堂北東の斜面の上にシンボリックに立つ。
おおっ フォトジェニック
そもそも多宝塔とは何か。
多宝塔は、初重の平面が四角形、二重の平面が円形の二重塔だ。初重の方形屋根と二重の円形胴体の接合部分をしっくいを塗り固めて覆う。このコンモリした部分を「亀腹」と呼ぶ。
亀腹
このユニークな建築形式は、日本独自のものと考えられている。
筆者は初めて多宝塔の亀腹を見たとき、不遜にも
いいい、納まりが複雑すぎて、ごまかしたんだな
と思った。
section
しかし、上部の屋根の軒下をじっくり観察して、「ごまかしではない」と反省。
放射状に広がる組み物の段数を変えることで、曲線から直線への切りかえ部をぴっちり納めている。これができるなら亀腹部分だってできたはず。ここはむしろ“面白さ”重視でこうした？
空想
全部が木だと、苦労が伝わらなさそう。

「亀腹」はごまかしにあらず

琵琶湖
0 500m
石山駅
京阪石山駅
JR東海道本線(琵琶湖線)
1
石山寺本線
京阪
唐橋前駅
JR東海道新幹線
瀬田西IC
名神高速道路
←至大津IC
石山寺駅
422
瀬田川
京滋バイパス
石山寺多宝塔
至石山IC

指定 国宝

建設時期 1194年

設計者 不詳

- 9：00～16：30（入山は16：00まで）
- ¥ 600円
- 階段からの見上げは南側
- 滋賀県大津市石山寺1-1-1
- 京阪・石山寺駅から徒歩10分。JR石山駅からバスで約10分、石山寺山門前下車すぐ

東側から池越しに観音殿（銀閣）を見る（イラスト）

室町時代

銀閣寺

じっくりと見たい

京都市左京区
室町時代後期

正式名称は慈照寺。
もともとは室町8代将軍・足利義政が
山荘東山殿として造営した。
義政の没後、寺院となり、
義政の法号「慈照院」にちなんで
慈照寺と名付けられた。
金閣寺に対して銀閣寺と
呼ばれるようになったのは江戸時代以降。
観音殿（銀閣）の北東側にある東求堂《とうぐどう》も国宝で、
書院造りの初期代表例。

03

漆黒の輝き

京都・大文字山の麓に流れる琵琶湖疏水《そすい》。それに沿って続く歩道は、哲学者の西田幾多郎が思索しながら歩いていたというエピソードから「哲学の道」と呼ばれている。その道の北端に、目的地である銀閣寺がある。

銀閣寺というのは通称であって、正式名称は慈照寺という。これを造営したのは、室町幕府の8代将軍、足利義政だ。

指定 世界遺産（古都京都の文化財）、国宝
建設時期 1489年
設計者 不詳

8：30～17：00（冬季は9：00～16：30）。無休
大人500円
観音殿（銀閣）の池側外観は東向き
京都市左京区銀閣寺町2
JR京都駅からバスで銀閣寺道、徒歩10分または銀閣寺前下車、徒歩5分

父親の6代将軍、義教が暗殺され、その後に将軍職を継いだ兄、義勝も早世したため、義政はわずか8歳で将軍に選出されている。若くして政治の世界に入ったせいか、引退を考えるのも早く、20代のうちに、弟の義視に将軍職を譲ろうとする。義政と正室の間に息子がいなかったからだ。ところが、この話が出て間もなくして世継ぎの男の子が生まれたから、さあ大変。跡目争いが起こって、それが広がり、応仁の乱（1467〜77年）へと発展してしまう。

結局、義政が本当に将軍職を譲るのは30代後半になってから。その隠居後の住まいとして整備されたのが、銀閣寺の建物群と庭園である。ちなみに義政は、銀閣として知られる観音殿の完成を待たずして没している。臨済宗の寺院となったのは、その後のことだ。

政治から離れようとし、猿楽や連歌に熱心だったことから、義政は文化人としての側面が評価されている。建築においても銀閣寺の造営は大きな功績だが、彼が原因をつくった応仁の乱によって京都の建築の多くが失われたことを考えると、功罪のバランスは〝罪〟の方に傾かざるを得ないだろう。

さて、銀閣寺の庭へと入るとしよう。参道を通り中門をくぐると、視界の右端に銀閣を入れながら、正面には向月台《こうげつだい》が現れる。これは白砂をプリンのような形に盛ったものだ。その

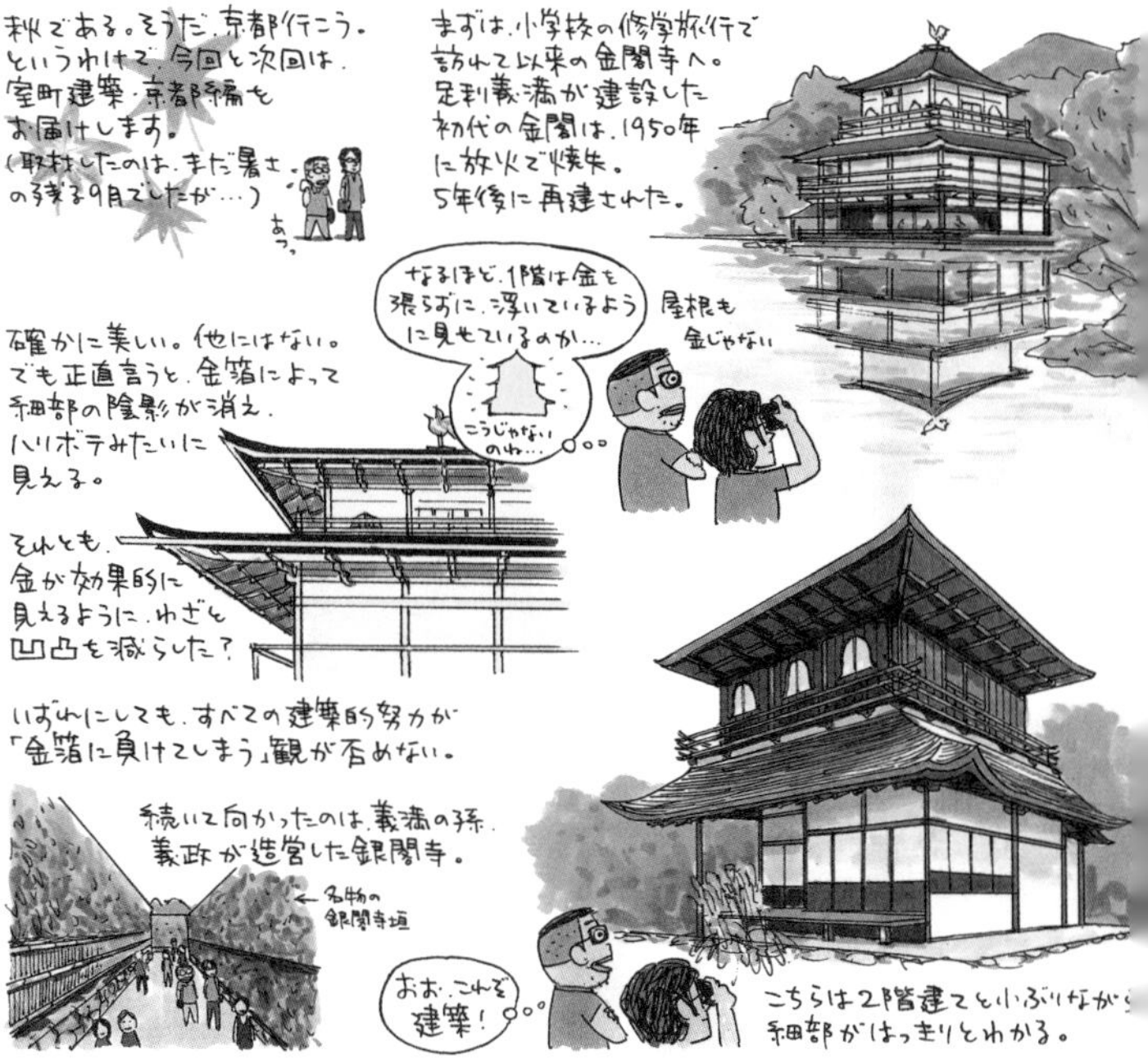
秋である。そうだ、京都行こう。
というわけで、今回と次回は、
室町建築・京都編を
お届けします。
(取材したのは、まだ暑さ
の残る9月でしたが…)
あっ
まずは、小学校の修学旅行で
訪れて以来の金閣寺へ。
足利義満が建設した
初代の金閣は、1950年
に放火で焼失。
5年後に再建された。
なるほど、1階は金を
張らずに、浮いているよう
に見せているのか…
こうじゃないのね…
屋根も
金じゃない
確かに美しい。他にはない。
でも正直言うと、金箔によって
細部の陰影が消え、
ハリボテみたいに
見える。
それとも、
金が効果的に
見えるように、わざと
凹凸を減らした?
いずれにしても、すべての建築的努力が
「金箔に負けてしまう」観が否めない。
続いて向かったのは、義満の孫、
義政が造営した銀閣寺。
名物の
銀閣寺垣
おお、これぞ
建築!
こちらは2階建てと小ぶりなが
細部がはっきりとわかる。

奥に進むと、これも白砂による造形で、平面をストライプに掃き分けた銀沙灘《ぎんしゃだん》が見えてくる。このあたりの園地の整備は、江戸時代になってから行われた。

さらに歩き、現存する最古の書院造りとされる東求堂《とうぐどう》の前を通り過ぎると、道は裏山へと登っていく。道の一番高いところでは、銀閣寺の庭園全体を手前に京都の町を遠望する絶好の眺望が得られる。

◆ブラックホールのような建築

山を下りると、池の前へ。ここからは水面に映った反転像とともに銀閣の姿が楽しめる。銀閣は1階が書院造りなのに対し、2階は花頭窓《かとうまど》（火灯窓とも呼ぶ）が並ぶ仏堂風を採っている。ちなみに銀閣が建てられた頃、イタリアではルネサンス様式が盛り上がり、パラッツォ・メディチ・リッカルディ（フィレンツェ、1459年）のような1層ごとに異なるスタイルを重ねた建築も現れる。建築様式の混在は、東西で同時多発していたのだ。

銀閣寺にはモデルがある。夢窓疎石が再興した西芳寺（1339年）である。また、金閣寺（鹿苑寺、1397年）も参考にしたという。実は金閣寺も西芳寺をモデルにしているの

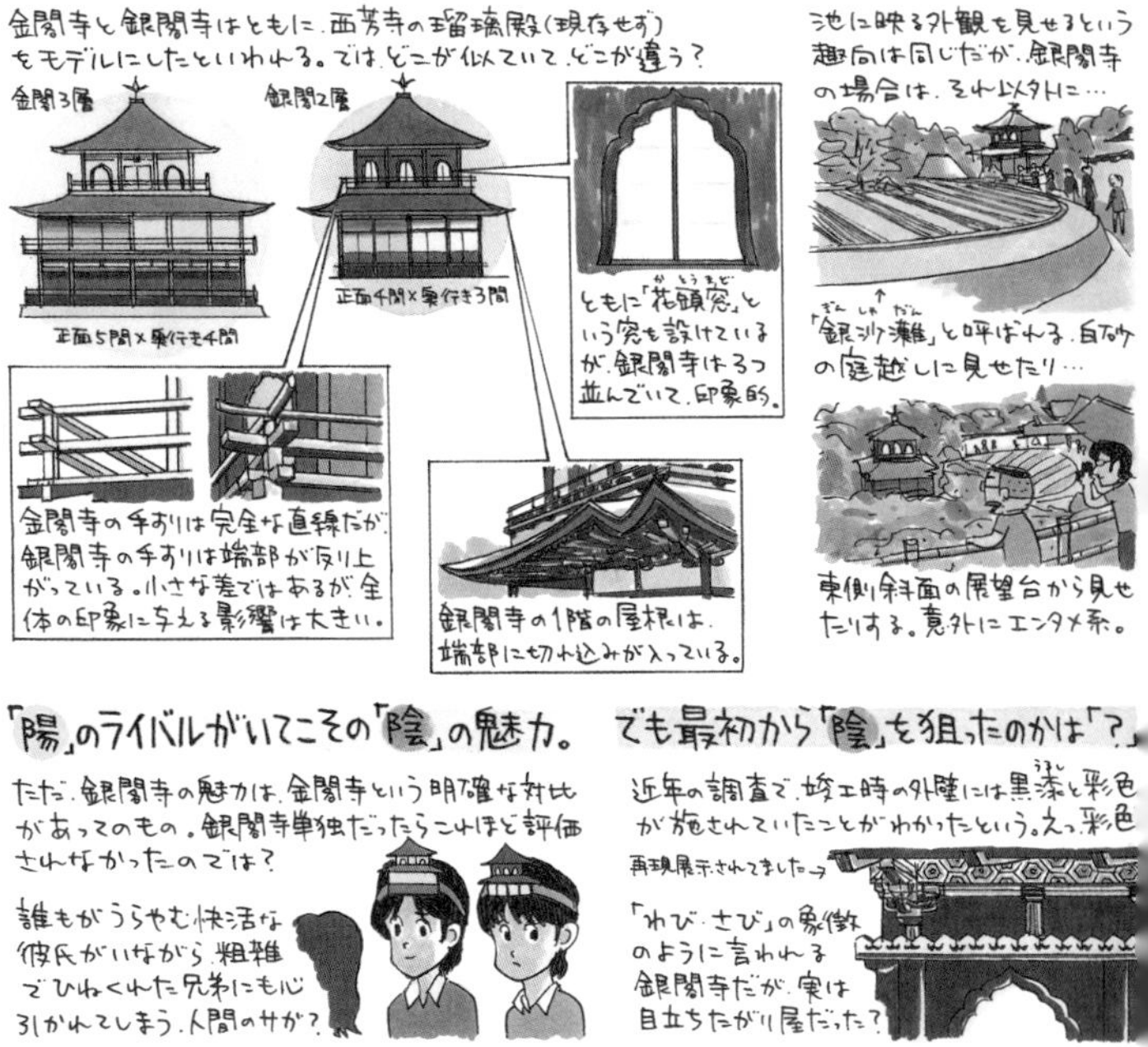
金閣寺と銀閣寺はともに、西芳寺の瑠璃殿（現存せず）をモデルにしたといわれる。では、どこが似ていて、どこが違う？
金閣3層
銀閣2層
正面5間×奥行き4間
正面4間×奥行き3間
ともに「花頭窓《かとうまど》」という窓を設けているが、銀閣寺は3つ並んでいて、印象的。
金閣寺の手すりは完全な直線だが、銀閣寺の手すりは端部が反り上がっている。小さな差ではあるが、全体の印象に与える影響は大きい。
銀閣寺の1階の屋根は、端部に切れ込みが入っている。
池に映る外観を見せるという趣向は同じだが、銀閣寺の場合は、それ以外に…
「銀沙灘《ぎんしゃだん》」と呼ばれる、白砂の庭越しに見せたり…
東側斜面の展望台から見せたりする。意外にエンタメ系。
「陽」のライバルがいてこその「陰」の魅力。
ただ、銀閣寺の魅力は、金閣寺という明確な対比があってのもの。銀閣寺単独だったらこれほど評価されなかったのでは？
誰もがうらやむ快活な彼氏がいながら、粗雑でひねくれた兄弟にも心引かれてしまう、人間のサガ？
でも最初から「陰」を狙ったのかは「？」
近年の調査で、竣工時の外壁には黒漆《うるし》と彩色が施されていたことがわかったという。えっ、彩色
再現展示されてました→
「わび・さび」の象徴のように言われる銀閣寺だが、実は目立ちたがり屋だった？

で、その意味で金閣と銀閣は兄弟である。

しかし、いたるところ金箔で覆われている金閣に対し、銀閣はどこにも銀が張られていない。銀を張るつもりだったのだが、資金が尽きて張れなかったという説もあるが、どうだろう。ここではひとまず、「義政は銀色にすることなど全く意図していなかった」との説を採りたい。

後に銀閣と称される観音殿。その周りにあるものは、白い砂、木々の葉、池の水面、みなキラキラと輝いている。一方、観音殿は黒い漆で仕上げられていたことが分かっている。あたりの光を吸収するかのように、黒く沈んでいるのである。ブラックホールのような建築である。

そして、それこそが義政の狙いだったのではないか。光と闇。陽と陰。プラスとマイナス。ジェダイとシス（映画「スター・ウォーズ」シリーズより）。世界は2つの対比で成り立っている。光の建築たる金閣に対し、闇の建築を対としてつくってみたかったのだ。

◆銀でないのに銀閣と呼ばれた理由は？

それではなぜ、これが銀閣と呼ばれるようになったのか。謎はむしろそちらの方である。

銀閣の通称が普及したのは江戸時代の初期かららしい。その頃、銀にまつわるどんなことが起こっていたのだろうか。

世界遺産にも指定された石見銀山が本格的に開発されたのは16世紀。精錬技術も発達して、17世紀には世界の銀の生産のうち3分の1を日本が占めたという。

金山の開発も進んだ。武田氏による山梨県の黒川金山の開発は16世紀の初め。17世紀になると佐渡金山も採掘が始まる。

江戸時代の初期は、鉱山開発のブームであり、金や銀が貨幣として流通するようになるのもこの頃から。「金があるなら銀」ということで、金閣と対になっている真っ黒な建物を銀閣と呼ぶようになった——。

と、これはあくまで「銀を張るつもりがなかった」場合の仮説。けれども、もし銀を張るつもりだったとしても、実際に銀色でない建物の名前が銀閣として定着した背景には、こうした鉱工業開発の歴史があったことは間違いないところだろう。

石庭を北東側から見る

室町時代

じっくりと見たい

龍安寺石庭

04

京都市右京区
室町時代後期（諸説あり）

枯山水《かれさんすい》の代表とされる庭。
枯山水とは、実際の水を用いずに
石や砂などによって山水風景を表現する手法。
龍安寺の石庭は、
方丈《ほうじょう》（寺の住職たちの居室）の南側に、
75坪の空間を壁で囲って白砂を敷き詰め、
大小15個の石を配したもの。
抽象化された空間ゆえに様々な解釈がなされている。
完成時期や作者にも諸説ある。

原風景としての海

京都の北西側、衣笠山を挟んで金閣寺の反対側に龍安寺は位置する。山門を抜けると、鏡容池と名付けられた池が広がる。この池を左手に見ながら歩いていくと、右に折れたところに石段が見えてくる。それを上がればすぐに庫裏。拝観者はここから建物の中に入るようになっている。靴を脱いで上がったら、隣はすぐに方丈（寺の住職たちの居室で、禅寺では最も重要な建物とされる）だ。

指定　世界遺産（古都京都の文化財）、史跡、特別名勝
建設時期　1500年ごろ（諸説あり）
設計者　不詳

8：00～17：00（12月～2月は8：30～16：30）
大人500円
石庭は方丈から見てほぼ真南
京都市右京区龍安寺御陵下町13
京福・龍安寺駅から徒歩7分。JR京都駅から市バスで立命館大学前下車、徒歩7分。京阪・三条駅から市バス59番で龍安寺前下車すぐ

龍安寺は室町幕府の管領職を務めた細川勝元が、1450年に開いた臨済宗の寺院である。応仁の乱をはじめとして幾たびかの火災に遭い、現在ある方丈は1606年に建てられた塔頭《たっちゅう》（禅寺の敷地内にある子院）の1つを移築したものだという。有名な石庭は、その南側にある。

庭といっても歩き回って体験する庭ではない。ただひたすらに「見るだけ」だ。方丈の広縁には大勢の観光客が既に座って、飽かずに庭を眺めていた。外国人の観光客も多い。英国のエリザベス女王が1975年の来日時に訪れて絶賛して以来、海外でもその存在は知れ渡っている。それに混じって自分もこれを、しかと鑑賞してみることにしよう。

◆高度に抽象化された庭

庭は幅が25m、奥行きが10m。龍安寺の敷地はその周りに広く続いているのだが、あえて塀で囲んで矩形に限定している。油土塀と呼ばれる塀は、強度を高めるために菜種油を混ぜた土を使ったもの。その結果、黄色がかった色みが出ている。

地面を覆うのは白い砂だ。禅宗寺院で石庭はたいてい方丈の南側にあるが、これは太陽光今回のテーマは「庭」である。えっ、この連載は「建築巡礼」じゃないかって？ おっしゃる通り。今回のテーマは正確に言うと「庭という建築」である。

何やら禅問答のような書き出しになったが、今回は禅宗が育んだ枯山水の美学について考える。では、枯山水の傑作とされる龍安寺石庭へ。

枯山水とは

水を用いずに、石や砂によって山水の風景を表現する。

ほうき目で水の流れを模す。

おお、いきなり

※実際には
こちら側(庭側)から
見ることはできません。

龍安寺の方丈(住職が生活する建物)に足を踏み入れると、いきなりその庭は現れる。東西25m、南北10mの囲われた庭に、白砂を敷き詰め、15個の石を置く。たったそれだけ。

あった あった
この石がなかなか見つからない

シンプルゆえに、見学者は何か説明がほしくなる。修学旅行の学生たちは、「どこから見ても、15個の石が一度には見えない」という説明に、大いに納得している様子。

でも、そんな宝探し的なしかけがこの石庭の本質とは思えない。

ほかに、「東から西に向けて石が7・5・3と並ぶ」という説明も。(奇数は縁起が良いとする中国の思想)でも、見る人はそんなこと意識しないよなぁ。それに、「7・5」の数え方が強引？

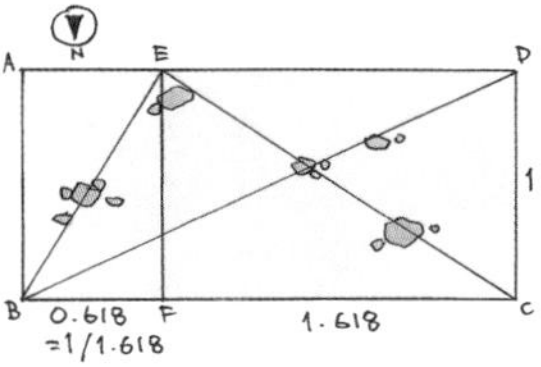
N
A
E
D
1
B
0.618
=1/1.618
F
1.618
C

「石の配置が黄金分割にぴったり重なる」という説明には、なるほどとうなった。それに気付いた人はエライ！ でも、真上から庭を見るわけじゃないし、そもそも補助線(EF)の引き方が恣意的な感じが…。

を白砂に反射させて、方丈の中へと取り入れるためとの説もある。

砂はほうきで掃かれ、波のような模様を描いている。そしてその上には、間隔を置いて配された15個の石。それだけが、この庭をつくっている。

日本では古来、池や水の流れを配して庭をつくってきたが、室町時代の頃から水を使わずして海や川を表現する枯山水と呼ばれる庭が設けられるようになった。しかし龍安寺のそれは植木すらない。材料が限定された、高度に抽象化された庭である。

にもかかわらず、いやだからこそ、人はこの庭に広大な宇宙を見たり、深遠な哲学を感じたりするのだろう。

◆15個の石は同時に見えない

この庭には謎が多い。室町末期の作と伝えられるが異論もある。作者が誰かも定説がない。石の配置も、一見、無造作に置かれているようで、入念に計算されているようにも受け取れる。これについては、いろいろな解釈がある。

有名なものでは、中国の故事にある「虎の子渡し」を表しているという説や、「心」の字今回、京都市内の枯山水を10件ほど見て回った。いろいろ回ると、龍安寺石庭と他の庭との違いがわかる。
①龍安寺石庭は「抽象性」という点で突出している。他の庭もすごいけれど、どちらかというと説明的。

芬陀院雪舟庭園
大仙院庭園
東福寺方丈東庭
龍安寺石庭
1460年ごろ。泳ぐ亀を石で表現。 1509年。滝が大河となる様を表現。 1939年。重森三玲作。北斗七星。 1500年ごろ。モチーフは何？？

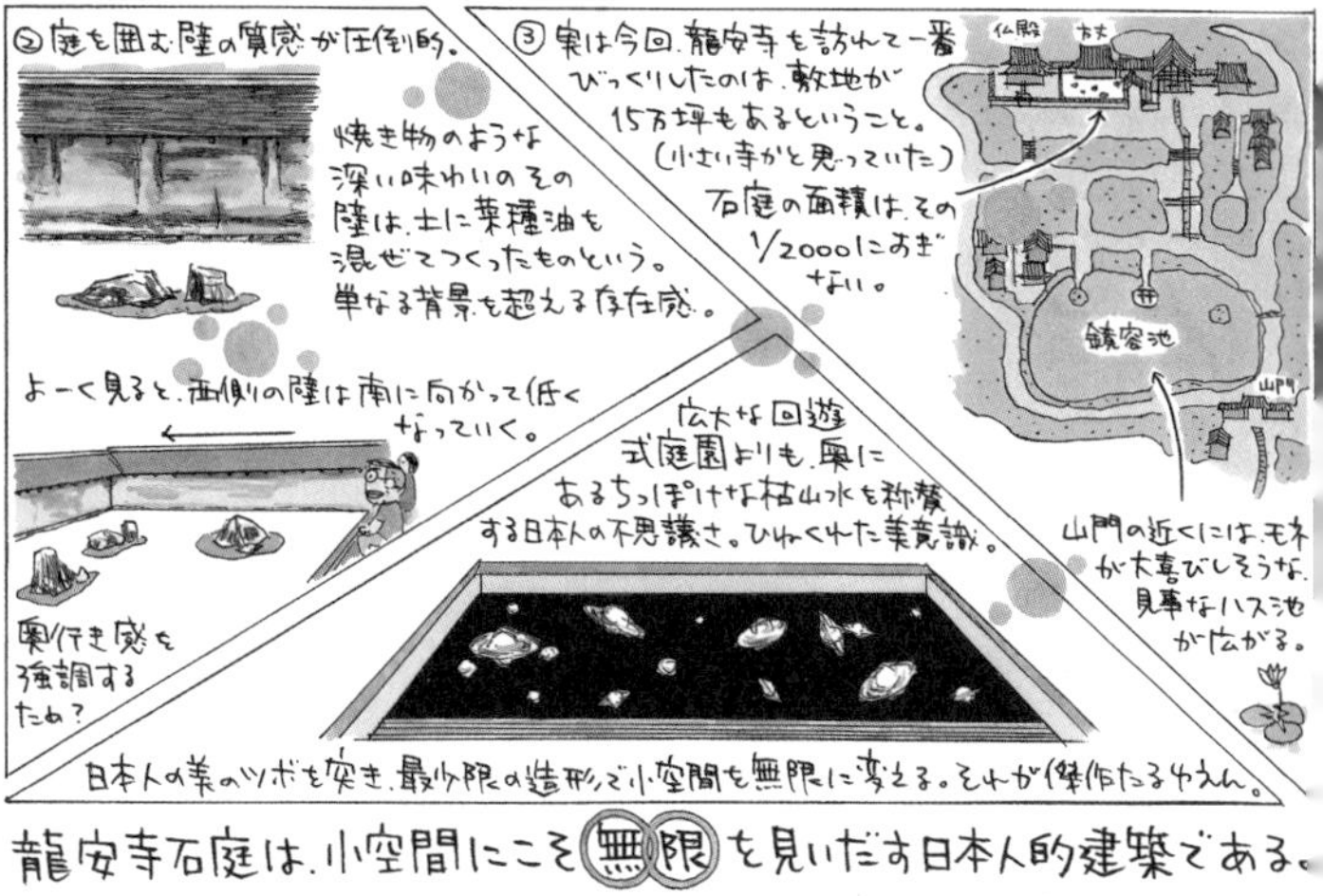
②庭を囲む壁の質感が圧倒的。
焼き物のような深い味わいのその壁は、土に菜種油を混ぜてつくったものという。単なる背景を超える存在感。

よーく見ると、西側の壁は南に向かって低くなっていく。

奥行き感を強調するため？
③実は今回、龍安寺を訪れて一番びっくりしたのは、敷地が15万坪もあるということ。
（小さい寺かと思っていた）
石庭の面積は、その1/2000にすぎない。
仏殿
方丈
鏡容池
山門
山門の近くには、モネが大喜びしそうな、見事なハス池が広がる。
広大な回遊式庭園よりも、奥にあるちっぽけな枯山水を称賛する日本人の不思議さ。ひねくれた美意識。
日本人の美のツボを突き、最少限の造形で小空間を無限に変える。それが傑作たるゆえん。

龍安寺石庭は、小空間にこそ無限を見いだす日本人的建築である。

になるよう置かれているという説がある。また、黄金分割によって石の位置が決められているとの主張もあるし、15個の石が同時には見えないように置かれているとの説も、まことしやかに語られている。

中でも面白かったのは、明石散人の作による小説仕立ての謎解き本（『龍安寺石庭の謎』講談社文庫、1996年）で採り上げられていた星座説。龍安寺の石は大きく5つに分かれ、その配置は「W」の字を描いている。それはカシオペア座から取られていて、北極星にあたる位置には財宝が埋まっているという。

想像をたくましくすれば、ほかにもこうした解釈はいくらでもできそうである。例えば、石を楽譜上の音符と見立てて演奏すると、空から巨大な円盤が降りてくるとか……。

こうした推理を楽しめるのも、龍安寺の石庭が極度に抽象化されているからこそだろう。

◆モダン美学の源流

しかし今回のところは素直に、海に島々が並んでいる様子ととらえることにしたい。要素をとことんまではぎ取った最高度にシンプルな庭が、同時に海にも見えるということのほうが、むしろ不思議で面白いのではないか。

龍安寺の庭が表す海は、島がぽつりぽつりと浮かぶ多島海である。その代表はヨーロッパではエーゲ海であり、日本では瀬戸内海だ。

ところでこれらの海は、東西のモダニズム建築の大家たちが、その経歴のスタート時を過ごした場所と関係している。

ル・コルビュジエは24歳のときにギリシャを旅して、その後の建築活動に大きな影響を与えるインスピレーションを得る。そのときにパルテノン神殿とともにエーゲ海を眺めたはずだ。

丹下健三は幼い頃を愛媛県の今治で、旧制高校時代を広島で過ごした。そこでは毎日のように瀬戸内海を見ていたに違いない。

彼らが見た海は、龍安寺方丈の広縁からの風景と似ていたのではなかったか。

モダニズムの建築は、装飾を排して、壁と窓だけになったにもかかわらず美しいと感じられる。そんなシンプルさの美学は、龍安寺の石庭とも共通する要素である。そしてその源流には海がある。

龍安寺の石庭は、そんなモダン建築の原風景について、考えさせる庭なのであった。

待庵は書院の縁側の南側にある（イラスト）

桃山時代

待庵

ちらりとでも見たい

05

京都府大山崎町
桃山時代

千利休の作であることが唯一確かといわれる茶室。妙喜庵の書院の南側に置かれている。豊臣秀吉が山崎の陣中で利休につくらせた茶室を移築したという説や、利休屋敷から移築した説、秀吉の命でもともとこの場所につくった説など、諸説ある。近くの大山崎町歴史資料館には原寸再現した待庵がある。

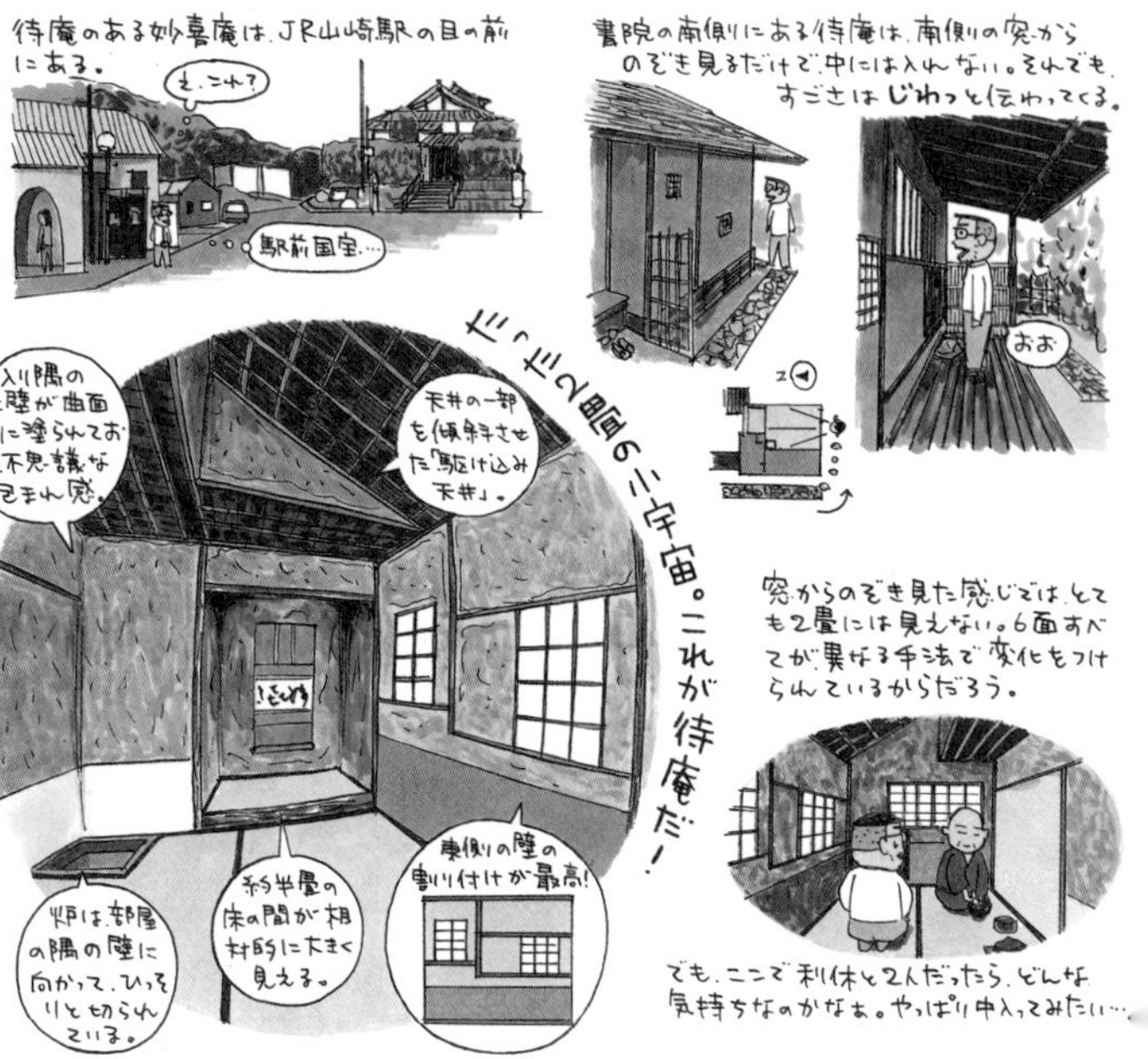

待庵のある妙喜庵は、JR山崎駅の目の前にある。

え、これ？

駅前国宝…

書院の南側にある待庵は、南側の窓からのぞき見るだけで、中には入れない。それでも、すごさはじわっと伝わってくる。

おお
たった2畳の小宇宙。これが待庵だ！

入り隅の土壁が曲面状に塗られており、不思議な包まれ感。

天井の一部を傾斜させた「駆け込み天井」。

炉は、部屋の隅の壁に向かって、ひっそりと切られている。

約半畳の床の間が相対的に大きく見える。

東側の壁の割り付けが最高！

窓からのぞき見た感じでは、とても2畳には見えない。6面すべてが、異なる手法で変化をつけられているからだろう。

でも、ここで利休と2人だったら、どんな気持ちなのかなぁ。やっぱり中入ってみたい…。

ちら見でも濃厚なオーラ

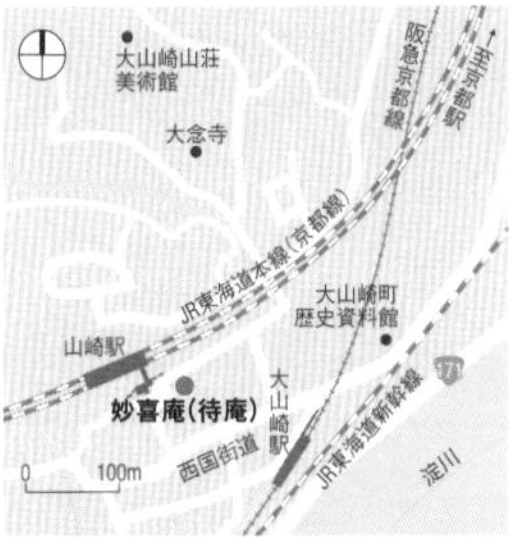

大山崎山荘美術館
大念寺
阪急京都線
至京都駅
JR東海道本線（京都線）
大山崎町歴史資料館
山崎駅
妙喜庵（待庵）
大山崎駅
171
JR東海道新幹線
西国街道
淀川
0 100m

指定 国宝

建設時期 1573〜93年ごろ

設計者 千利休

- 往復はがきに希望日と人数を書き、1カ月以上前に申し込み。送付先は下記住所。休業は月曜と水曜、12月20日〜1月15日ごろ（※当面休止中2020年9月時点）
- 御志納金1000円　撮影不可
- 京都府乙訓郡大山崎町竜光56
- JR山崎駅下車すぐ。阪急・大山崎駅から徒歩5分

古書院の前から中書院（中央）、新御殿（左奥）方向を見る

06

江戸時代

桂離宮

じっくりと見たい

京都市西京区
江戸時代前期

江戸初期を代表する皇室の別荘。八条宮初代智仁親王と二代智忠親王によって、約50年かけてつくられた。

「離宮」という名称は明治以降。江戸時代には「山荘」「別業」「茶屋」などと呼ばれていた。

ドイツ人建築家のブルーノ・タウトによって、その美しさが世界に発信された。

雁行するリノベーション

念願かなって桂離宮へ。今回は特別に許可が下りて、御殿の中まで入れることになった。通常の参観コースでは庭を巡ってから御殿へとたどるが、今回は裏から回って南側の芝庭に出た。

目の前にいきなり現れたのは、桂離宮の御殿。ブルーノ・タウトが「涙ぐましいまでに美しい」と感動し、ワルター・グロピウスが「すさまじいばかりに引きつけられる」ともらし

指定 なし
建設時期 1615〜1662年ごろ
設計者 不詳

外観のみ見学可。郵送と宮内庁のウェブサイトから申し込み。問い合わせは宮内庁京都事務所参観係（電話075-211-1215）。休止日は土日祝日と年末年始。ただし毎月第3土曜と3〜5月、10〜11月の土曜は参観可
無料
池越しの外観は南東向き。三脚不可
京都市西京区桂御園
阪急・桂駅から徒歩20分。JR京都駅からバスで桂離宮前下車、徒歩8分
（※情報は2014年時点）

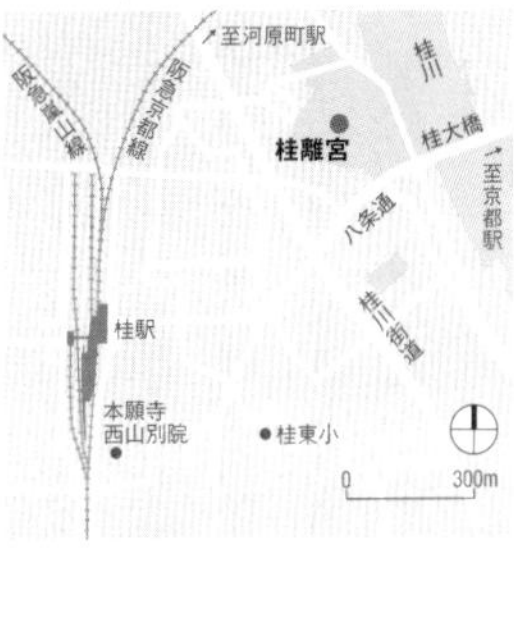

た建築は、実物を目にすると、やはり素晴らしい。究極の建築が、そこにはあった。

建物は意外にこぢんまりとしている。モダニズムの建築に見られるピロティのように、床が地面から高く持ち上げられているが、その柱は細くてきゃしゃ。木と紙をそのまま外側に露出した素材感も合わさって、この建物がよくまあ300年以上も持ったものだ、との感慨を抱かせる。もちろん大修理を幾度も経ているのだが。

出隅と入隅を繰り返して、建物は奥へと続いていく。棟が重なり合って見えること、それがまた20世紀に多くの建築家から支持された理由だろう。モダニズムの建築が備える透明性と通じ合うからだ。

これに類する雁行配置を採り入れた現代建築もある。海外ではボー&ボラート設計のルイジアナ近代美術館（1958年）やアルド・ファン・アイク設計の子供の家（1960年）がすぐに思い浮かぶところ。日本の建築家でも、例えば前川國男の設計には東京都美術館（1976年）など、しばしばこうした平面が採られている。そして最近では、SANAAによるルーブル・ランス（2012年）もそうだった。桂離宮の雁行配置は、21世紀へと生き延びたのである。

桂離宮ほど多くの建築家、建築史家によって論考された古建築はないのではないか。なかでも井上章一の「つくられた桂離宮神話」は抜群に面白い。この本、「私には桂離宮の良さがよく分からない」というカミングアウトから始まる。

井上章一
つくられた桂離宮神話

え、OK？ありがとうございますっ
2カ月の交渉のかいがあった…

宮内庁から桂離宮取材の許可が出て大喜びしたものの、井上の本も読んでいたこともあって、「自分は桂離宮を見て本当に心を動かされるのか」ちょっと不安でもあった。

桂離宮は本当にすごいのか？いざ、桂へ。

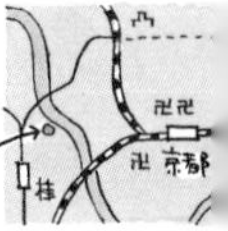
桂
京都

桂離宮は京都駅から西に約5km。桂川の西岸にある。

桂離宮は、回遊式庭園に分散配置された御殿と4つの茶屋などからなる。庭園の池は、かつては桂川から直接水をひき入れていた。（現在はポンプでくみ上げ）

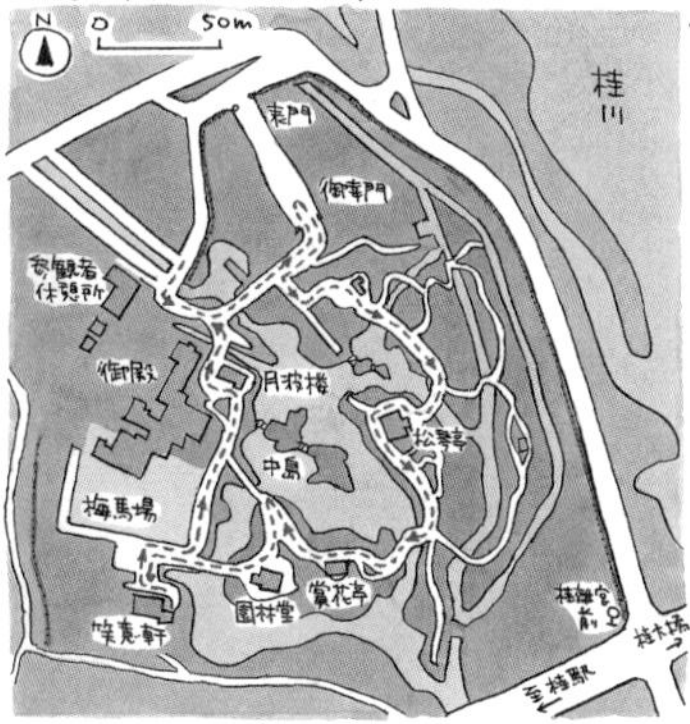
N
0 50m
桂川
表門
御幸門
参観者休憩所
御殿
月波楼
松琴亭
中島
梅馬場
賞花亭
園林堂
笑意軒
桂離宮前
桂大橋
至桂駅

一般の見学者のコースは左図の点線部分。だが、我々が最初に通されたのは、そのクラ
マックスともいえる御殿前

こ、これが…
うるっ

心配は杞憂だった。ひと目見た瞬間、涙がこみ上げてきた。（大げさではなく）気分はブルーノ・タウト。

Bruno Tau
53歳誕生日
うるっ
涙ぐましいまでに美しい！

1933年5月4日、来日2日目に訪問。

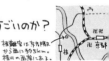

さて、いよいよ御殿の中へ入ろう。

◆建て増しによって完成

中門をいったん出て御末所《おすえ》（勝手口）から御殿に入った。内部は、特別なことは何もやっていないが、どこにも隙がない感じだ。カギ形に折れ曲がる動線を、奥へと進んでいく。最奥までたどり着いたとき、障子を開けさせてもらった。一気に飛び込んでくる庭の景色。内と外とが一体となった至福の環境がそこに出現した。

インテリアで目を引くのは、大小の棚を複雑に組み合わせた桂棚だ。グロピウスからは凝りすぎと難じられた箇所だが、これはこれで格好良い。

この棚ばかりでなく、入り口近くから奥へ至るにつれて、内装は少しずつ装飾を増し、数寄屋風を強めていく。そういえば、床面もところどころで微妙な高低差があった。これは何を意味しているのか。

実はこの御殿で、増築が繰り返されていたという事実である。八条宮智仁《としひと》親王が最初に建てたのが入り口側の古書院と呼ばれる部分で、それからおよそ15年後、息子の智忠《としただ》親王の代

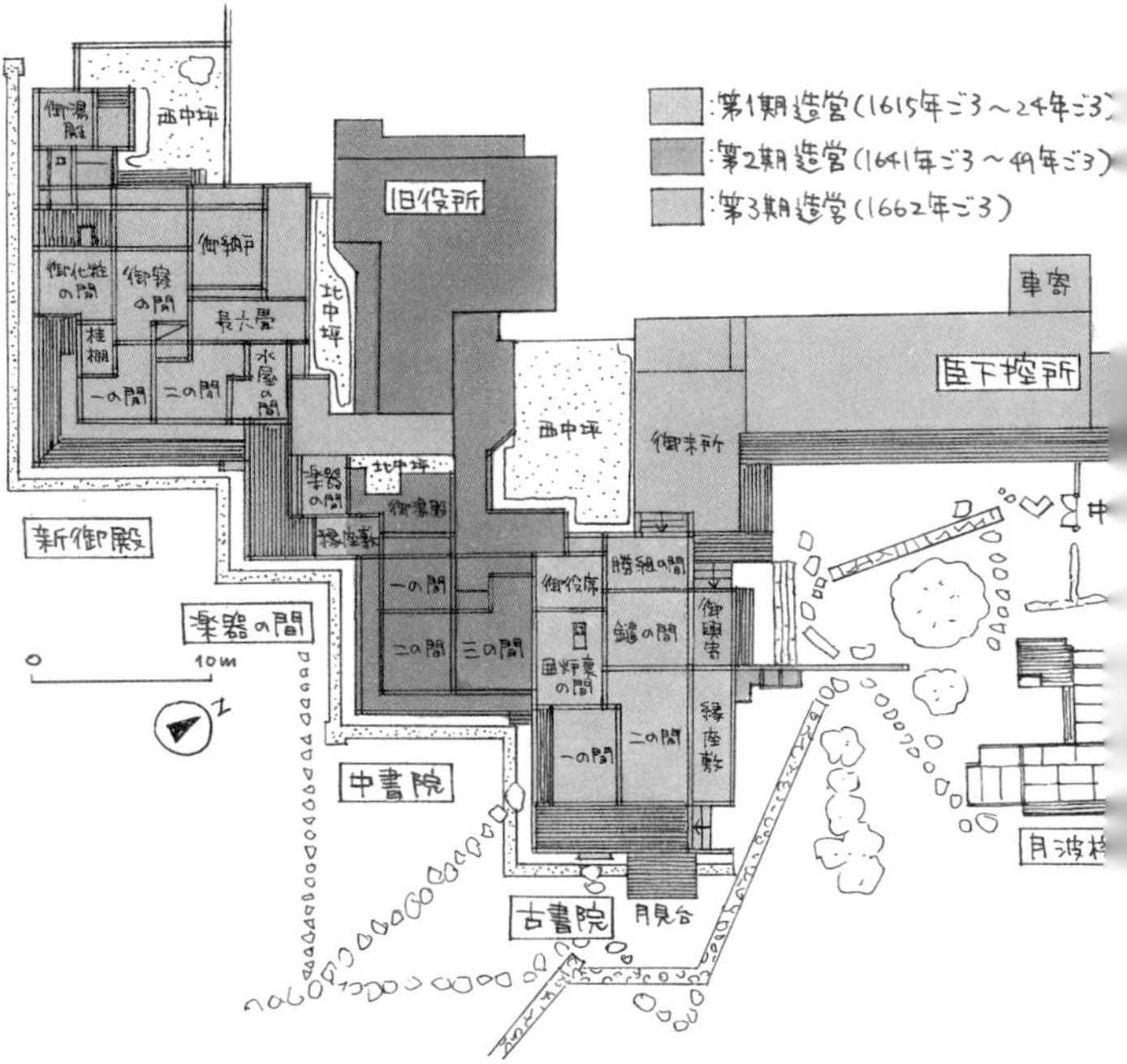

第1期造営(1615年ごろ～24年ごろ)
第2期造営(1641年ごろ～49年ごろ)
第3期造営(1662年ごろ)
御湯殿
西中坪
旧役所
御納戸
御化粧の間
御寝の間
長六畳
桂棚
一の間
二の間
水屋の間
北中坪
楽器の間
北中坪
御湯殿
移座敷
新御殿
楽器の間
西中坪
御末所
車寄
臣下控所
中
勝組の間
御役席
一の間
二の間
三の間
鑓の間
御輿寄
囲炉裏の間
縁座敷
一の間
二の間
中書院
古書院
月見台
月波楼
0
10m
N

に中書院が、さらにおよそ20年後に楽器の間と新御殿が建て増しされたという。どこまでも完璧と映る桂離宮の建築だが、それはリノベーションの繰り返しによってつくられていたのだ。驚くべきことである。

言い換えるなら、桂離宮の御殿は単一の建築ではない。異質な要素を持った複数の建築が結合したものなのである。にもかかわらず、全体で1つの完全性を生んでいる。

そこからもう1人の建築家が思い起こされる。槇文彦だ。

槇は桂離宮に匹敵する絶妙な比例感覚を設計で発揮する建築家である。また著作の『見えがくれする都市』では、日本の空間概念を「奥性」や「空間のひだ」というキーワードで論じており、これは桂離宮の御殿が持つ特質を、見事に解き明かしている。

◆街から離れた別荘なのに「都市的な建築」

しかしここで注目したいのは、代官山ヒルサイドテラスの設計者としての槇である。ヒルサイドテラスは商業施設、展示施設、集合住宅などを用途とする複数の建物からなり、東京の旧山手通り沿いに極上の都市景観をつくり出している。

単純で退屈? いえいえ全く。見る者をうならせる、さりげない工夫が満載。
グラフィカル!
柱が細っ!
南西から見た御殿の全景。線(柱や桟)と面(障子や雨戸)によるリズミカルな構成は、目の前にありながらも2次元の絵を見るよう。
この見事な構成が親子2代、50年近くかけてつくられたと知ると驚きは増す。
1期(古書院)だけのときはこんな感じ?
3期
1期
古書院
楽器の間
中書院
2期
新御殿
以前から疑問に思っていたことを聞いてみた。
居室の下の部分はどうなってるんですか
あー、あそこは…
↓こういう写真をよく見るので、3つのボリュームが雁行しているのかと思っていたが、もう1つ、「楽器の間」という小部屋が出っ張っていた。これが内外に視覚的変化をもたらしている。
微妙な段差もわざと?
「何もありませんよ」と職員。えー この部分は桂川の氾濫に備え床を上げたものだという。実際、昔は桂川の水位が高く、氾濫も多かった。居室を持ち上げて洪水に備える—。それって菊竹清訓と同じ発想!
SKY HO

この建物群は、1969年から92年までおよそ25年の歳月をかけて、6期に分けて建設されていった。それも初めに全体計画があったわけではなく、期ごとに考えて設計していったという。

そのためか、これらの建物は同じ設計者によるものながら、デザインのテイストがわずかながら異なっている。使われている外装材も、初期のコンクリート打ち放しからタイル張りへ、そしてガラスとアルミを多用したものへと変化していった。

槇の考えでは、都市の建築は全くバラバラではまずいが、かといって同じものが並んでいるだけでは単調に陥ってしまう。都市の建築は、異質性を保ちながらも、緩やかに一体であるのが望ましい。その思想を実践したのがヒルサイドテラスであり、そこに槇と桂離宮が結び付く最大の理由がある。

ちなみに槇は、石元泰博による写真集『桂離宮――空間と形』（1983年）の発刊に際して書評を書いており、そこで「桂という『都市』」という言葉を用いている。

そう、桂離宮は京都の市街地から離れた別荘ではあるが、「都市的な建築」なのである。そのようにとらえることで、桂離宮はさらなる現代的な意義を帯びることになるだろう。

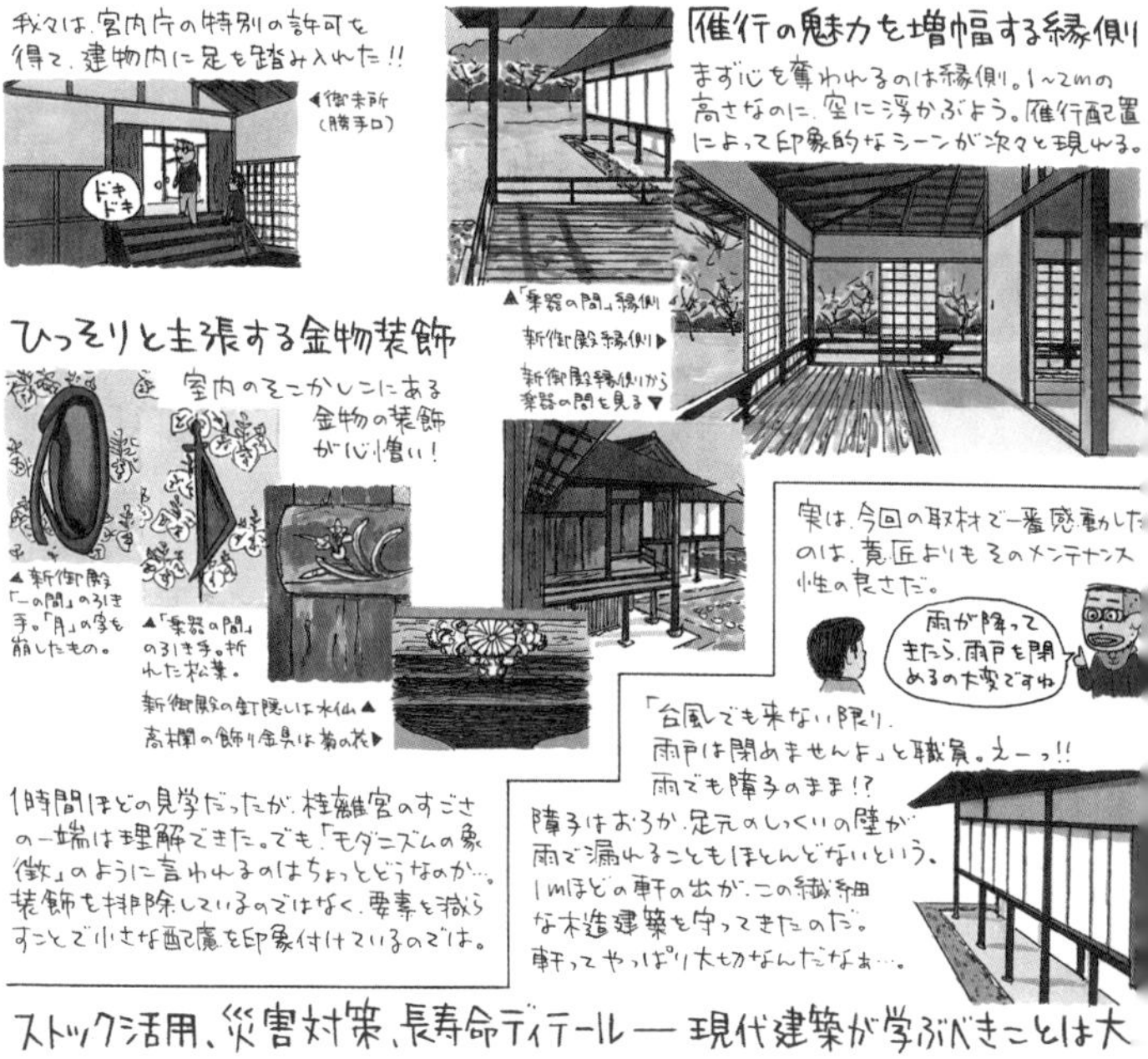

我々は、宮内庁の特別の許可を得て、建物内に足を踏み入れた!!
◀御車所（勝手口）
ドキドキ
雁行の魅力を増幅する縁側
まず心を奪われるのは縁側。1〜2mの高さなのに、空に浮かぶよう。雁行配置によって印象的なシーンが次々と現れる。
▲「楽器の間」縁側
新御殿縁側▶
新御殿縁側から楽器の間を見る▼
ひっそりと主張する金物装飾
室内のそこかしこにある金物の装飾が心憎い!
▲新御殿「一の間」の引き手。「月」の字を崩したもの。
▲「楽器の間」の引き手。折れた松葉。
新御殿の釘隠しは水仙▲
高欄の飾り金具は菊の花▶
実は、今回の取材で一番感動したのは、意匠よりもそのメンテナンス性の良さだ。
雨が降ってきたら、雨戸を閉めるの大変ですね
「台風でも来ない限り、雨戸は閉めませんよ」と職員。えーっ!! 雨でも障子のまま!?
障子はおろか、足元のしっくいの壁が雨で濡れることもほとんどないという。1mほどの軒の出が、この繊細な木造建築を守ってきたのだ。軒ってやっぱり大切なんだなぁ…。
1時間ほどの見学だったが、桂離宮のすごさの一端は理解できた。でも「モダニズムの象徴」のように言われるのはちょっとどうなのか…。装飾を排除しているのではなく、要素を減らすことで小さな配慮を印象付けているのでは。
ストック活用、災害対策、長寿命ディテール — 現代建築が学ぶべきことは大

南東にある奥の院から本堂の舞台を見る

江戸時代

清水寺

じっくりと見たい

京都市東山区
江戸時代前期

本堂は１６３３年に再建された正面36ｍ強、側面約30ｍ、棟高18ｍの大堂。本堂から南側に張り出した舞台は面積約１９０㎡。4階建てのビルと同じ高さにある。

清水寺の舞台では、平安時代から雅楽や能など芸能が奉納されてきたといわれ、現在でも重要な法会では舞台奉納が行われる。

07

「いないいないばあ」の興奮

日本の古建築において燦然《さんぜん》と輝くメガストラクチャー（巨大な構造材を用いた建造物）、それが今回の巡礼地、清水寺だ。中学校の修学旅行も含め、何度か訪れてはいるが、改めてこれを体験してみることにしよう。

土産物屋がびっしりと軒を並べる参道を上がっていくと、正面に赤い門が見えてくる。これが仁王門だ。この門から先が清水寺の境内となる。

指定 世界遺産（古都京都の文化財）、国宝
建設時期 1633年（寺の創建は780年）
設計者 不詳

- 通常開門は6：00。閉門は季節によって変わる。無休
- 通常拝観は大人400円、夜間特別拝観は大人400円
- 舞台は南向き。東側の石段や南側の参道から見ると舞台下のつくりがよく分かる
- 京都市東山区清水1-294
- JR京都駅からバスで五条坂下車、徒歩10分。京阪・清水五条駅から徒歩約25分。

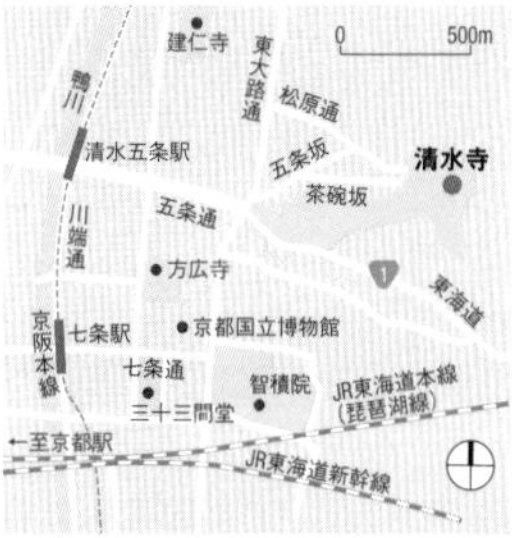

まず目に入るのは三重塔。高さ約31mは三重塔としては日本で最大級とされている。続いて現れるのは経堂と開山堂。開山堂は別名が田村堂で、これは清水寺が征夷大将軍の坂上田村麻呂による信仰から始まったことに由来したものだ。創建は780年のことと伝えられている。

奥へ進んでいくと、再び小さな門が見えてくる。これを抜けると、いよいよ本堂である。アプローチは石垣の上。片側は既に崖となって落ちている。回廊を歩いて行くと、本堂の側面部に突き当たる。そこを右に回り込むと、舞台へと出る。

清水寺といえば舞台だが、創建当初からあったわけではないらしい。最初に舞台ができたのは平安時代の後半と推定されている。

なお、本堂を含む清水寺の建物は何度も焼失の被害に遭っており、現在、見られる建物は17世紀に徳川3代将軍、家光の寄進で再建されたものである。

◆消滅する建築——本堂は清水の舞台から見えない

舞台の高さは、崖下から測ると約13m。縁に立って恐る恐る下をのぞくと、清水寺の名前

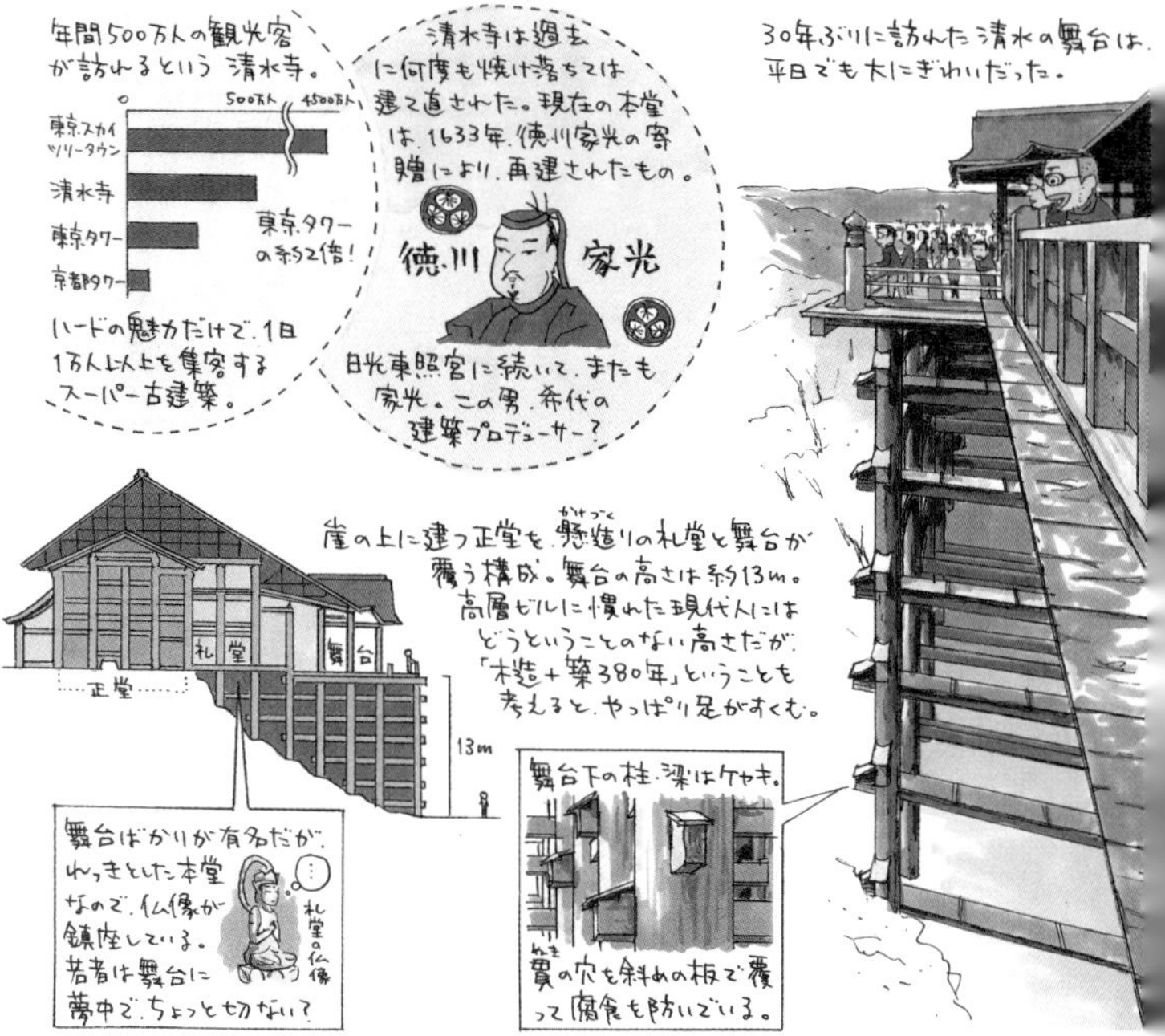
年間500万人の観光客が訪れるという清水寺。
0
500万人
4500万人
東京スカイツリータウン
清水寺
東京タワー
京都タワー
東京タワーの約2倍!
ハードの魅力だけで、1日1万人以上を集客するスーパー古建築。
清水寺は過去に何度も焼け落ちては建て直された。現在の本堂は、1633年、徳川家光の寄贈により、再建されたもの。
徳川 家光
日光東照宮に続いて、またも家光。この男、希代の建築プロデューサー?
30年ぶりに訪れた清水の舞台は、平日でも大にぎわいだった。
崖の上に建つ正堂を、懸造《かけづく》りの礼堂と舞台が覆う構成。舞台の高さは約13m。高層ビルに慣れた現代人にはどうということのない高さだが、「木造+築380年」ということを考えると、やっぱり足がすくむ。
礼堂
舞台
正堂
13m
舞台ばかりが有名だが、れっきとした本堂なので、仏像が鎮座している。若者は舞台に夢中で、ちょっと切ない?
礼堂の仏像
舞台下の柱・梁はケヤキ。
貫《ぬき》の穴を斜めの板で覆って腐食を防いでいる。

の由来となった音羽の滝が小さく見える。視線を上げれば遠く京都の中心部まで望め、目を凝らすと東寺の五重塔や東本願寺も分かる。

190㎡ほどの広さがあるヒノキ板張りの舞台の上は、カメラを持った観光客でいっぱいだ。その中には外国人も多く交じっている。

その様子を見ると、周囲の景色を見る人ばかり。本堂の建物を見ている人はほとんどいない。こんなに無視されている国宝建築も珍しい。

連想したのは、隈研吾が設計した「水／ガラス」（1995年）という静岡県熱海市の建物だ。企業の保養施設として建てられ、その後、リゾートホテルに転用されたこの建物は、海を見下ろす崖地に建っていて、全景を視界に収めることができない。

そして、外観の不可視性を補強するように、材料としてガラスを多用して透明化し、さらに屋上の水盤に水をあふれさせることで建物の輪郭を消すという操作を行っている。海を見るための装置として建物が純化される一方、その形自体は徹底的に消去することが意図されたのである。

清水寺の本堂も、舞台を訪れた人に見られることがないという意味で、これに似ている。

雁行する平面と遠回りする動線で、懸造りの魅力を余すところなく見せる。これぞエンターテインメント建築!!

感心したのは、そのサービス精神。目玉である木造架構をあらゆる方向から見せる。周遊路を一周し終えたときには、お腹いっぱい状態。

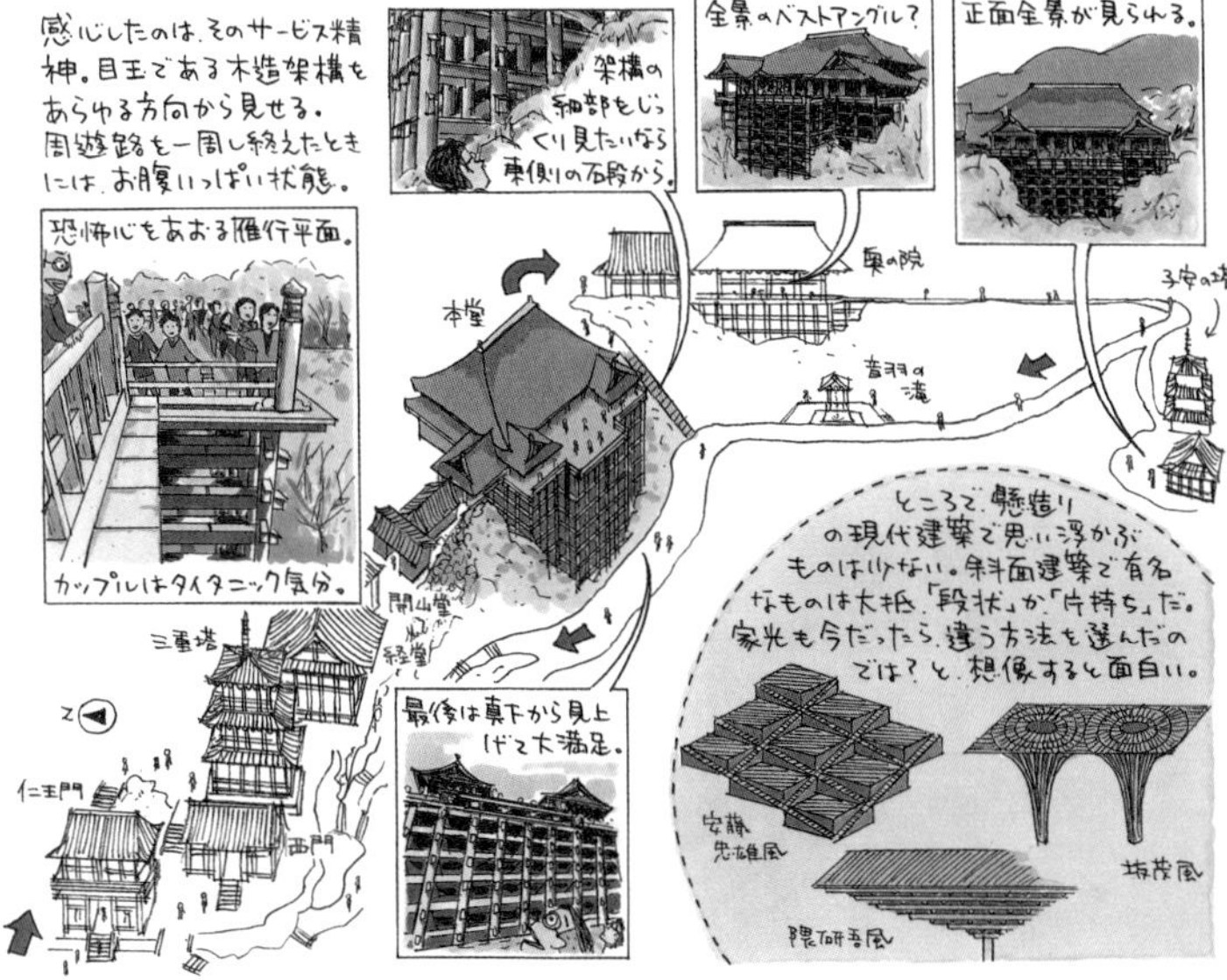
恐怖心をあおる雁行平面。
カップルはタイタニック気分。
架構の細部をじっくり見たいなら東側の石段から。
奥の院の前からが、全景のベストアングル?
子安の塔の前からは、正面全景が見られる。
本堂
奥の院
子安の塔
音羽の滝
開山堂
経堂
三重塔
仁王門
西門
最後は真下から見上げて大満足。
ところで、懸造りの現代建築で思い浮かぶものは少ない。斜面建築で有名なものは大抵、「段状」か、「片持ち」だ。家光も今だったら、違う方法を選んだのでは?と、想像すると面白い。
安藤忠雄風
坂茂風
隈研吾風

ここで起こっているのは、「水／ガラス」と同じような、建築の消滅なのである。寺の名前に「水」が織り込まれていることも、それを暗示しているようだ。

◆そしてドラマチックな出現へ

しかし、舞台を見た後の清水寺は、隈の「水／ガラス」とは決定的な違いを見せる。

拝観の動線は舞台を過ぎた後、本堂の東側で折り返し、奥の院へと向かう。こちらの建物の前にも舞台が設けられており、そこからは本堂の懸造《かけづく》りと呼ばれる建造法の全貌が目に飛び込んでくる。さっきまで消えていた建築が突然、ドラマチックに現れてくるのだ。

木々に覆われた斜面の上に架かる桧皮《ひわだ》ぶきの大きな屋根。その両脇には入母屋造りの翼廊が突き出し、挟まれた中央に舞台が延びる。そしてこれら全体を、78本の柱と、それをつなぐ梁の組み合わせによる格子状の構造体が支えているのが分かる。清水寺の写真といえば、大抵がこのアングルだ（52ページの写真もここから撮影した）。

拝観のルートは、本堂から少し離れた子安の塔へと続く。この地点からは、自然の地形にあらがいながら存在感を示す本堂を正面から遠望できる。

その後は再び本堂へ近づいていき、音羽の滝の脇を抜けて、今度は本堂の足元へたどり着く。そこから見える本堂はさながら〝超高層ビル〟のようだ。

歩いていくに連れて、拝観者はあらゆる方向から本堂の建築を楽しみ尽くすこととなる。まとめるならば、清水寺を訪れた者が感じ入るのは、単に巨大な木造建築への驚きからではない。そこで遭遇するのは「建築の消滅と出現」というひと続きの事件なのだ。例えれば、赤ん坊が「いないいないばあ」に興奮するようなものである。

ちなみに奥の院が建てられた時期は、本堂舞台の造営とそれほど違わないらしい。清水寺から景色を眺めるだけではなく、清水寺それ自体を見たい、そう多くの人が感じたからだろう。この頃から既に、人間の欲望を喚起する建築というオブジェが成立していたことがうかがい知れる。

昔の人も建築が好きだったんだなあ……。

そんなことを思いながら、坂道の参道を降りて帰った。

千本鳥居の導入部。この後、稲荷山の上へと続いていく

08

ちらりとでも見たい

江戸時代

伏見稲荷大社千本鳥居

京都市伏見区
江戸時代

伏見稲荷大社は全国に約３万社ある「お稲荷さん（稲荷神社）」の総本宮。奈良時代の７１１年、稲荷大神がこの地に鎮座したのが始まりとされる。江戸時代以降、願い事がかなったお礼に鳥居を奉納する習慣が広がり、現在は稲荷山内も含めて約１万基の鳥居が立ち並ぶ。

伏見稲荷大社には、室町時代に建てられた本殿など、古い建物もあるが…

側面しか見えないのが残念。

と内拝殿は昭和

やはり、見学の目玉は「千本鳥居」だろう。わずかなすき間で連続する鳥居が、「赤い半屋外」という非日常体験を演出する。

鳥居は途中から2またに分かれ、

〈稲荷山案内図〉

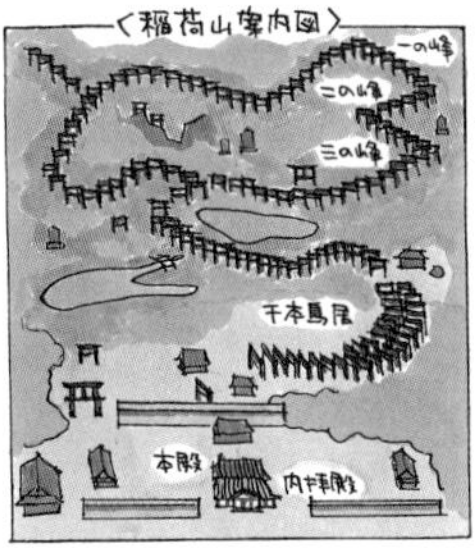

また1つになり、
さらに、山の上へと上っていく。
ぐるっと巡ると2時間かかる。
この"連続鳥居参拝路"は、江戸時代になってから
でき始め、現在は約1万基の鳥居が立つという。

山を下るときには、奉納者の名前が見える。一種の広告塔？

全体監修者がいなくても、「条件設定」だけで、こんなに魅力的な空間が生まれるということに驚かされる。

条件1：鳥居の色は朱色。
条件2：隣接する鳥居とのすき間は、ほぼ等間隔。
条件3：鳥居の新設・交換は奉納（寄附）による。

ちなみに、木製の鳥居が一般的に朱色なのは、顔料の丹（水銀）に防腐効果があるから。色々な意味で「なるほど」連発のデザインである。

伏見稲荷の千本鳥居は
設定条件から形を自動生成する
アルゴリズミックデザインの走りだ

自生的アルゴリズムの美

指定 本殿などは重要文化財
建設時期 千本鳥居は江戸時代以降
設計者 不詳

- 終日
- 参拝は無料
- 稲荷山は西向きの斜面。鳥居が生み出す光と影のコントラストは天気の良い日がベター
- 京都市伏見区深草藪之内町68
- 京阪・伏見稲荷駅から徒歩5分。JR稲荷駅から徒歩3分

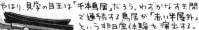

西側から見た全景

明治時代

じっくりと見たい

09 京都国立博物館

京都市東山区
明治28年

レンガ積みが印象的な旧本館は、宮内省内匠寮《たくみりょう》技師であった片山東熊の設計により明治28年に竣工、同30年5月に開館した。玄関ホール、中央ホールのほか、大小10室の陳列室と中庭が左右対称に配置されている。長く特別展示館と呼ばれてきたが、２０１４年秋に平成知新館が開館したことに伴い、「明治古都館」となった。

向かい合う設計と施工の神

三十三間堂の前でバスを降り、京都国立博物館へと向かう。敷地へ入るのは元来、西側の正門からだったが、現在は南側の門から入るようになっている。南門は、両脇のミュージアムショップやカフェと併せ、谷口吉生の設計で2001年に完成した。同じ設計者により、平常展示館を建て替えた「平成知新館」も、14年9月に開館している。

南門を入ると、右側に壮麗な建物が見えてくる。今回の巡礼地となる「明治古都館」だ。

指定 重要文化財
建設時期 1895年（明治28年）
設計者 片山東熊（宮内省内匠寮）

9：30～17：00（入館は16：30まで）。月曜（祝日の場合は翌日）、年末年始は休館
展覧会によって異なる
正面は西向き
京都市東山区茶屋町527
京阪・七条駅から徒歩7分。JR京都駅からバスで三十三間堂前下車すぐ

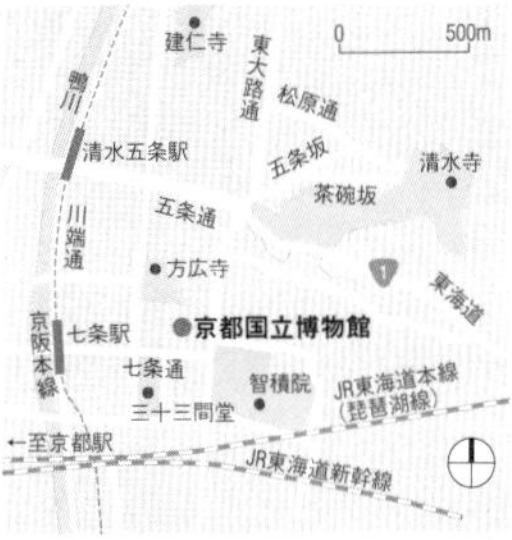

この建物は帝国京都博物館本館として明治28年（1895年）に完成。レンガ造の平屋で、フレンチ・バロック様式の壮麗なデザインが特徴だ。中央には大きなドーム、両翼にもそれぞれ小さなドーム屋根が載る。正門の側から眺めると、噴水を手前にし、ロダンの彫刻を中心として左右対称の建物が見えてくる。西洋の宮殿を思い起こさせる強い軸線を持った構成だ。

内部へと入ろう。中央西側の玄関ホールから反時計回りで展示室を巡っていく。平面の構成は単純で、ロの字を3つ、つなげたような平面になっている。

内部の見どころは中央ホールだ。天皇を迎えるための部屋として設けられた大空間で、18本の柱に支えられた折り上げ天井の中心部から光が降り注いでいる。柱のペデスタル（台座）やキャピトル（柱頭）、軒上のアンテフィクサ（軒飾り）など、西洋建築の装飾技法がこれでもかとばかりに用いられていて、時間がたつのも忘れて見入ってしまう。

◆「バリエーションを見せつける」建築

設計したのは片山東熊。工部大学校でジョサイア・コンドルに建築を学んだ第1期の卒業建築の「品格」とは何か——。その答えを知りたいなら、京都国立博物館に行くとよい。

現在は新設された南門がメーンの入り口だが
まずは西門（旧正門）から見るのがオススメだ。
本館と同じ片山東熊の設計によるレンガ造の
門（これも重文）が出迎える。気分は国賓。

門を入ると「考える人」（ロダン作）の背後に広がるこの立面。"水平の装飾師"片山東熊の本領発揮だ。

↑宮沢が勝手に命名。

様式建築なのに、どこか日本っぽさを感じるのは、平等院鳳凰堂に似ているからでは？

日本国
十円

10円玉の刻印をこの建物に変えても誰も気付かないだろう。

↖けっこういいかも。

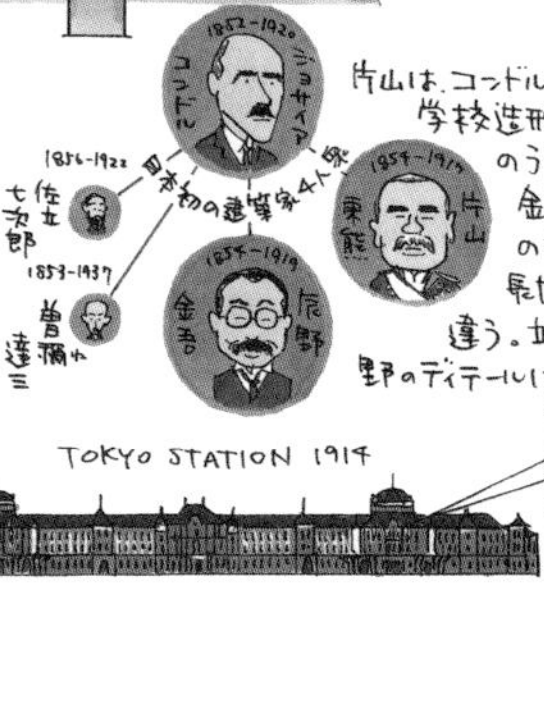
1852-1920 ジョサイア コンドル
日本初の建築家4人組
1856-1922 佐立七次郎
1853-1937 曽禰達蔵
1854-1917 片山東熊
1854-1919 辰野金吾

片山は、コンドルが教えた工部
学校造形学科第1期生
のうちの1人。つまり、辰
金吾の同級生。辰
の東京駅はもっと
長だが、印象は全
違う。立面は横長でも、
野のディテールは垂直志向でゴツ

TOKYO STATION 1914

生で、卒業後は宮内省に勤めて数々の建築を設計した。代表作は東宮御所（現・迎賓館赤坂離宮、1909年竣工）である。

そのため片山は、宮廷建築家と呼ばれるようにもなる。しかし彼が数多く手掛けたのは、むしろ博物館の方である。宮内省は今の宮内庁に通じるセクションだが、業務範囲は現在と比べて格段に広く、博物館もその1つだった。

明治時代、日本各地にいくつかの博物館が生まれているが、その多くを片山が設計している。京都のこの建物のほか、奈良国立博物館（1894年）、東京国立博物館表慶館（1908年）、神宮徴古館（三重県伊勢市、1911年）などだ。

それらは大屋根を頂いた玄関部を中心に、そこから両翼を延ばした左右対称の構成は共通するものの、建物を飾り立てる手法はそれぞれに異なる。例えば玄関の上に取り付けられるペディメント（破風）だが、京都国立博物館が通常の三角形なのに対し、奈良国立博物館は半円形をつぶした櫛《くし》形、神宮徴古館は円形ドームに半円のドーマー窓（戦災で失われ、別の屋根が載っている）、東京国立博物館ではペディメントを付けずに後ろのドームを目立たせる手法となっている。バリエーションの多さを見せつけるかのようだ。

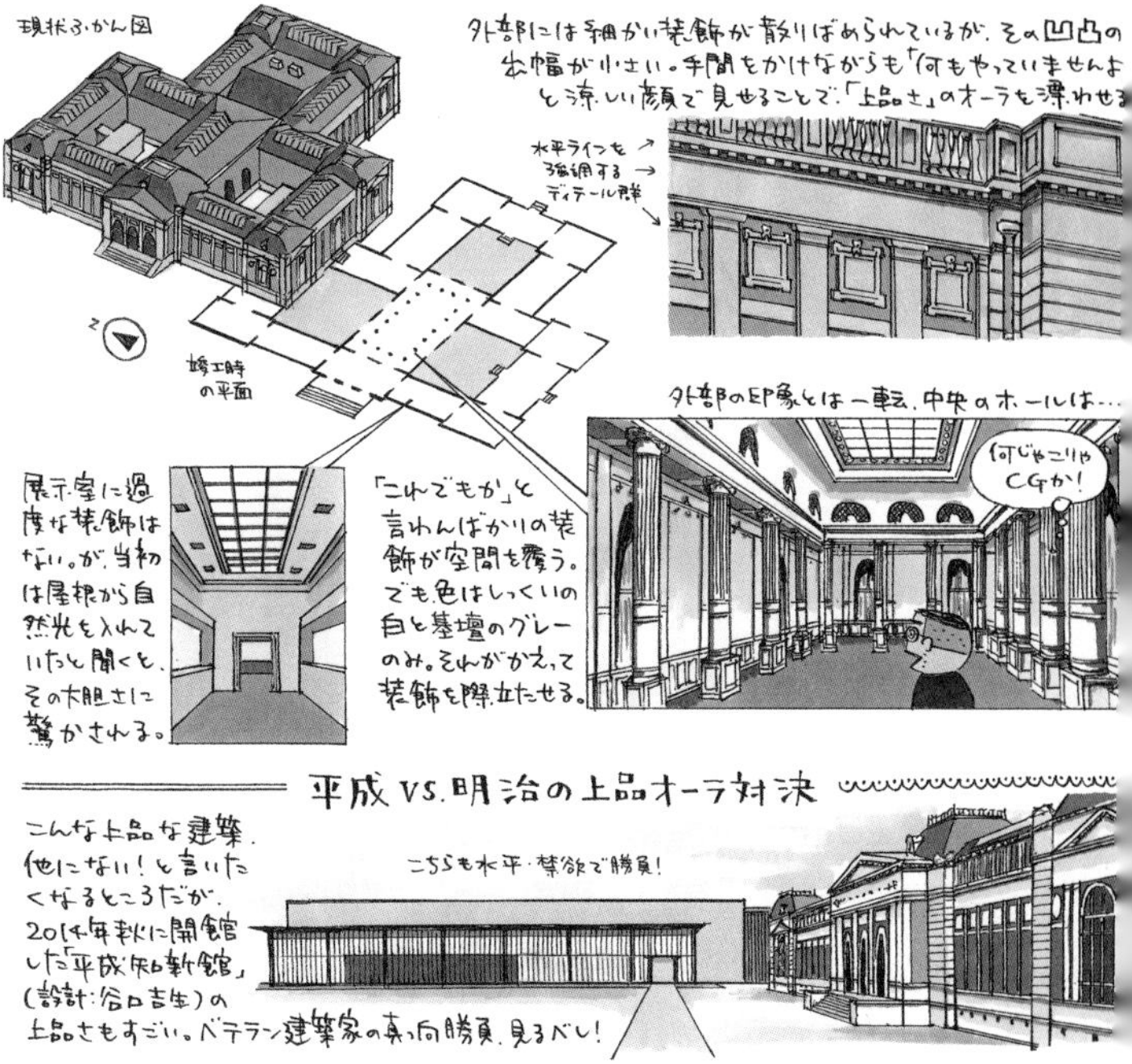

現状ふかん図
竣工時の平面
外部には細かい装飾が散りばめられているが、その凹凸の出幅が小さい。手間をかけながらも「何もやっていませんよ」と涼しい顔で見せることで、「上品さ」のオーラを漂わせる
水平ラインを強調するディテール群
外部の印象とは一転、中央のホールは…
何じゃこりゃCGか!
展示室に過度な装飾はない。が、当初は屋根から自然光を入れていたと聞くと、その大胆さに驚かされる。
「これでもか」と言わんばかりの装飾が空間を覆う。でも色はしっくいの白と基壇のグレーのみ。それがかえって装飾を際立たせる。
平成VS.明治の上品オーラ対決
こんな上品な建築、他にない!と言いたくなるところだが、2014年秋に開館した「平成知新館」(設計:谷口吉生)の上品さもすごい。ベテラン建築家の真っ向勝負、見るべし!
こちらも水平・禁欲で勝負!

どんな手法でも美しく仕上げてしまう器用さ。その辺りが片山の才能だったのだろう。

◆博物館玄関には設計と施工の神が

さて、京都国立博物館のペディメントの中に、面白いものがある。男女2体の彫刻だ。こうした人体を模した建築装飾は、ギリシャやローマの古典建築でも行われている手法である。一方で、日本にも日光東照宮に代表される彫刻的な建物装飾の豊かな伝統があるわけで、ここに彫られている人物の顔立ちも東洋人風だ。西洋と東洋が、この三角形の中に融合しているようにも見える。

ペディメントの彫刻

ペディメントの中で向かい合う2人は、博物館のパンフレットによると、仏教世界の美術工芸の神とされる技芸天《ぎげいてん》と毘首羯磨《びしゅかつま》だという。

右側の技芸天は学問や芸術をつかさどる神様とされ、ギリシャ神話のミューズと重ね合わせて語られることも多い。ミューズといえばミュージアムの語源でもあり、博物館の玄関を飾るには、なるほどふさわしい。

左側の毘首羯磨は、インド神話におけるヴィシュヴァカルマンに当たり、神々の武器を製造するとともに天国の宮殿も建てたという。工芸や建築をつかさどる神だ。これもまたこの博物館の象徴として適切である。

ここは建築好きの立場からもう少し深読みしたくなる。2人の像をもう一度見てみよう。伎芸天は紙と筆を持っている。一方、毘首羯磨が持っているのはハンマーだ。これは建築における「設計と施工」を象徴しているのではないか。伎芸天は建築家であり、毘首羯磨は施工者なのだ。

江戸時代までの建築界は設計と施工が分かれておらず、棟梁が両方を受け持っていた。それが明治期以降、次第に設計と施工を分離する欧米流が普及していく。

片山ら明治の建築家は、日本に新しい建築デザインを採り入れるだけでなく、新しい建設体制も生み出さねばならなかった。この博物館の玄関を飾る装飾彫刻は、そうしたことを図らずも表したものなのである。

column

小堀遠州《えんしゅう》

1579～1647年

マルチな才能の建設官僚

建築の設計を専門とする建築家という職業が生まれるのは、日本では明治時代になってから。それ以前に建てられた建物は、どんな優れた設計でも大工や、あるいは別の職種の人の兼業によるものである。

桂離宮の設計者として名前が挙がることもある小堀遠州もそのひとり。もともと豊臣秀吉に仕官していたが、秀吉の死後、徳川家康に仕えるようになり、江戸幕府の作事奉行となる。今で言えば、国土交通省の官僚である。業績として知られるのは駿府城や名古屋城の築城や、大阪・狭山池の堤改修にかかわったこと。庭園の設計にも腕を振るい、二条城や江戸城の二の丸庭園は、遠州の手になるものである。

一方で古田織部に学んだ茶人でもあり、将軍家の茶道指南役を務めながら、数々の茶会も催している。茶室の作品としては、大徳寺龍光院の密庵、大徳寺孤篷庵の忘筌、南禅寺金地院の八窓席などが有名。千利休に始まる草庵茶室を洗練させ、武家に普及させる役割を果たした。

つまり、建築設計者として茶室という極小建築から天守閣といった巨大建築まで手がけたのみならず、官僚、ランドスケープデザイナー、イベントプロデューサーなど、多方面で活躍したマルチクリエイターなのだ。だからこそ、はっきりしないままとなっている桂離宮の設計者の欄に、小堀遠州の名前を当てはめたくもなるのだろう。

Part.
2

奈良
大阪
兵庫

南西から五重塔（左）と金堂を見る（イラスト）

10

飛鳥時代

じっくりと見たい

法隆寺

奈良県斑鳩町
飛鳥時代

世界最古の木造建築群を有し、姫路城とともに日本で最初（1993年）に世界遺産に登録された。寺院の創建は飛鳥時代の607年に遡る。聖徳太子が寺と本尊（薬師如来）をつくったと伝えられる。

日本書紀によると670年の火災で焼失。7世紀後半に再建したという説が有力。世界最古でありながら、高度な木造技術は現代をしのぐ。

塔と柱のシンボリズム

法隆寺に来たのはいつ以来だろう。高校生の時に修学旅行で奈良は訪れたはずだが、その時の記憶はまるでなくなっている。初めても同然の感覚で、この世界遺産に足を踏み入れた。

ご存じのとおり、法隆寺は世界最古の木造建築群である。そのエリアは大きく西院伽藍《がらん》と東院伽藍とに分かれている。

指定 世界遺産（法隆寺地域の建造物）、国宝
建設時期 創建は7世紀初頭。現存の伽藍は7世紀後半の再建説が有力
設計者 不詳

- 8：00〜17：00（冬季は16：30まで）
- 一般1500円
- 金堂、五重塔は中門から見て南向き
- 奈良県生駒郡斑鳩町法隆寺山内1-1
- JR法隆寺駅から徒歩20分、近鉄奈良駅からバスで法隆寺前下車

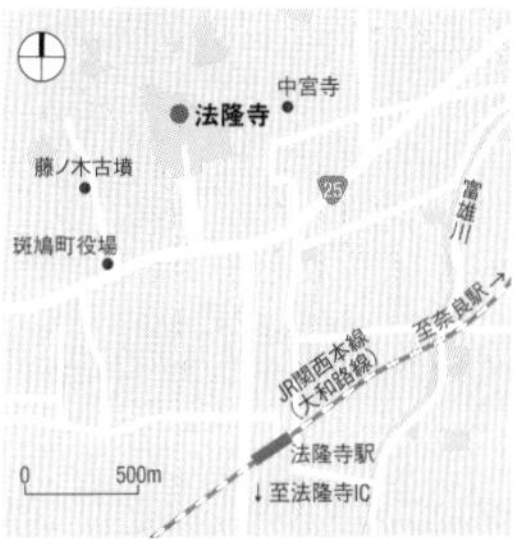

まずは西院伽藍から。中門と大講堂を結ぶ回廊内に、五重塔と金堂が並んで立つ配置だ。左右非対称でありながらも、絶妙なバランスを保っている。

中門から向かって右側の金堂の中には釈迦三尊像、薬師如来座像、阿弥陀如来座像などの仏像が安置され、その周囲を壁画が囲む。左側の五重塔には、東西南北にそれぞれ維摩居士と文殊菩薩の問答、釈尊遺骨の分割、弥勒菩薩の説法、釈尊の入滅の各場面を描いた塑像が置かれ、外からのぞけるようになっている。

回廊の外側には、玉虫厨子など有名な宝物の数々を展示する大宝蔵院があり、その展示も見どころなのだが、今回は足を速めて東院伽藍に向かおう。こちらには、八角形の平面をもった夢殿がある。その内部には、聖徳太子の等身像とされる救世観音像などが収まる。

ところで西院から東院へと至る道は、東大門を抜けると微妙な角度で折れ曲がる。地図で確かめると、2つの伽藍で挟まれた区域と両脇の伽藍とで、道路割りの角度がずれていることが分かる。

資料をあたると、ここにはかつて若草伽藍と呼ばれる法隆寺創建時の伽藍があり、焼失後、現在の位置に再建したときに、建物配置の角度を変えたらしい。そのため、2種のグ

法隆寺を訪れるのは、小学校の修学旅行以来三十数年ぶり。記憶の中では、敷地のまん中に五重塔がデンと建っているイメージだったが…
でーん
確かこんな
あれっ、全然違う
実際は、低層の金堂と対をなす"非対称コンビ"建築だった。
「非対称」といっても、バランスが悪いわけではない。むしろ互いの欠けている部分を補い合うことで、ピン(単独)芸にはたちうちできない魅力を生み出している。例えば、こんな…
C-3POとR2-D2
キャイ～ン
柿の種とピーナツ
<法隆寺全体図>
五重塔
大講堂
金堂
中門
西大門
東大門
南大門
夢殿
N
さすがは聖徳太子の寺。普通であれば
とか
にしそうな
ものをあえてくずして計画したのは
和をもって貴しとなす
(17条憲法・第1条)
というメッセージを伝えるため?
おおっ
金堂は、五重塔に比べると地味な印象ではあるが…
メリハリの効いたシルエットが、五重塔に負けず劣らず美しい。軒の出、約4m
軒の荷重に耐えられず、龍の支柱が後の修復で加えられたリッドが重なったような道路の区割りや建物配置が生じた。20世紀末にピーター・アイゼンマンを代表とするデコンストラクティビズム（脱構築主義）の建築家たちが、グリッドの重ね合わせによる空間デザインを追究したが、そうした構成手法が既にこの時代に出現していたと考えると興味深い。

◆五重塔は実は平屋建て

数多くの国宝、重要文化財の建築が立ち並ぶ法隆寺だが、今回はまず五重塔に注目してみよう。高さは約32・5ｍ。5層の屋根によって外からは5階建てに見えるが、2階以上にあたる床はなく、平屋建てである。外見と中身が一致していないという意味では、ポストモダンの建築といえる。

この高層建築を支えているのは4本の柱で、その真ん中には建物下部の地中から屋根の上の相輪までを貫く心柱が通っている。この心柱は、他の柱とつながっておらず、構造的に自立しているという不思議な構造となっている。

五重塔は法隆寺以外でも、全国各地の寺院で建立された。それらは意外にも構造的に強五重塔は、東京スカイツリーの建設によって、中心を貫く"心柱"が注目されるようになった。

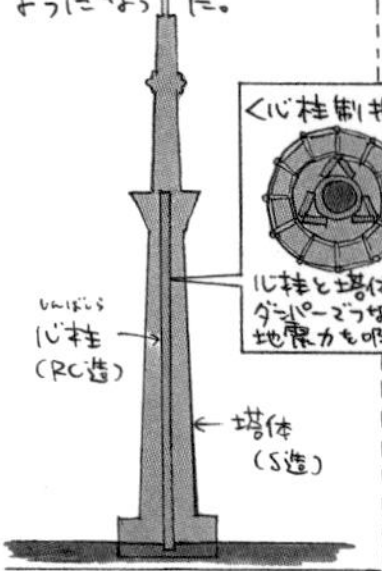

<心柱制振>
心柱と塔体をダンパーでつないで地震力を吸収
心柱《しんばしら》
(RC造)
塔体
(S造)

実際の法隆寺・五重塔には、心柱と各層をつなぐ構造部材はない。掘立式の柱が独立して立つ。

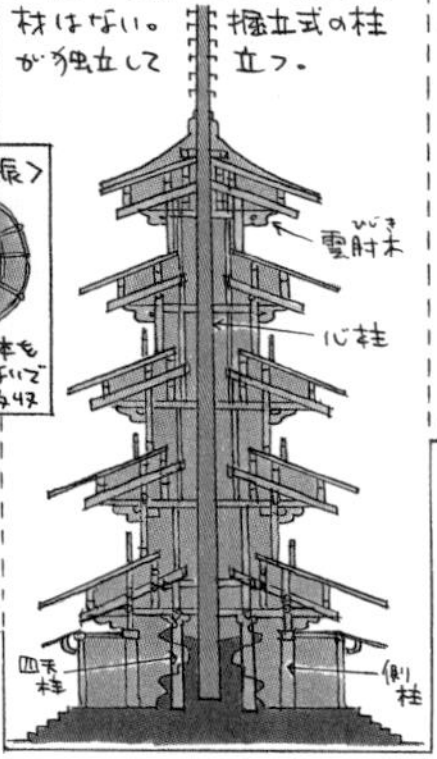

雲肘木《ひじき》
心柱
四天柱
側柱

ちなみに、日光東照宮の五重塔の心柱は、上から吊られているという。

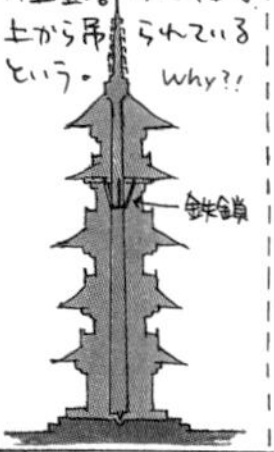

Why?!
鉄鎖

心柱は何のために必要なのか

そもそも、中国の古い木塔には、心柱は存在しないらしい。

ふーん、そうなの?

心柱に構造的な意味があるのかないのか、筆者の知識では判断がつかない。それよりも気になるのは、「木」でできた建物が、

なぜ1300年も残っているのか

である。当然、ほったらかしでは残るはずがない。

今回、いろいろな本を読んで、特に印象に残ったのが、五重塔の解体修理を担当した西岡常一(1908-93)の言葉。

私たち宮大工は「1000年もってくれ、1000年もってくれ」と木を打つんですわ
せ、1000年!

五重塔に使われている木材(ヒノキ)は、樹齢が1000年を超えるものもある。飛鳥時代の宮大工たちも、「樹齢以上もたせなければ」と思ったに違いない。そして、そのための様々な工夫が、プロポーションやディテールに現れた。

AD3300 Tokyo

五重塔が1300年残った理由の一つは、そのデザインが、西岡のような後世の技術者を刺激するものだったからではないか。そう考えると、東京スカイツリーは果たして西暦3300年まで残っているだろうか。

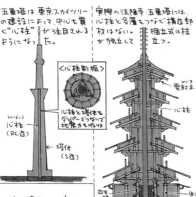

く、地震で倒壊したものはないとされている（暴風で倒壊したものはある）。その秘密が心柱にある、との説もあるが、はっきりとはいえないようだ。2012年5月に開業した東京スカイツリーでは、心柱とも通じる制振構造のアイデアを採り入れ、話題を呼んだ。

法隆寺と他の寺院の五重塔を比べてみると、その大きな違いはシルエットにある。法隆寺の五重塔は、上に行くほど細くなっており、その変化が外から見てもはっきりと分かる。それに対して、興福寺や東寺など、後に建てられた五重塔は、下から上まで屋根の広がり方がほぼ同じだ。つまり、五重塔は時代を下るにつれて、末広がりの形から細身のまま立ち上がる形へと変わっていったのだ。

この変化は、実は東京タワーと東京スカイツリーとの比較にもいえることである。スカイツリーは敷地に余裕がないため、やむなくその形になったわけだが、飛鳥時代から続く木造の五重塔と現代の鉄骨タワーは、図らずも同じ方向に進化しているのだ。

◆中門の真ん中の柱は怨霊封じのためか

さて、法隆寺を巡るもう1つの大きな謎は、中門である。柱間は4つと偶数で、これはその後に完成した他の寺院の門を見ても、ほとんど例がない形式である。

門は本来、人が通るための建物なのに、その真ん中に柱が立っているのはおかしい。人を通さないことを意味しているようだ。これは一族を殺された聖徳太子の怨霊を封じ込めるための門なのだ、という説を、哲学者の梅原猛が著書『隠された十字架』（1972年、新潮文庫）で展開して話題を呼んだ。

しかし五重塔の心柱とセットで考えれば、それほど不思議でもないような気がする。「真ん中に柱を置く」ことが、古代の建築においては形式上、当たり前だったのではないか。

現代人は機能主義で建築をつい考えてしまう。だから、人間が通るための門は人間の通り道が中心にないとおかしいととらえる。だがこれは、人間に合わせて建築をつくるものと考えるから奇異に感じるのであって、かつては建築に合わせて人間がそれを使うという関係も当たり前のこととしてあったのだ。

そんな塔と柱のシンボリズムについて、改めて思いをはせた法隆寺再訪であった。

南東から十三重塔を見上げる

飛鳥時代

ちらりとでも見たい

談山神社 十三重塔

11

奈良県桜井市

初代は飛鳥時代（現存は室町時代の再建）

初代の十三重塔は藤原鎌足の没後、長男の定慧《じょうえ》と次男の不比等《ふひと》が６７８年に建立した。現存する塔は１５３２年の再建。高さ約17ｍ。木造十三重塔としては世界唯一。

藤原鎌足をまつる本殿（７０１年創建、１８５０年再建）も重要文化財。本殿は極彩色の模様や花鳥の彫刻で装飾され、日光東照宮の手本になったといわれる。

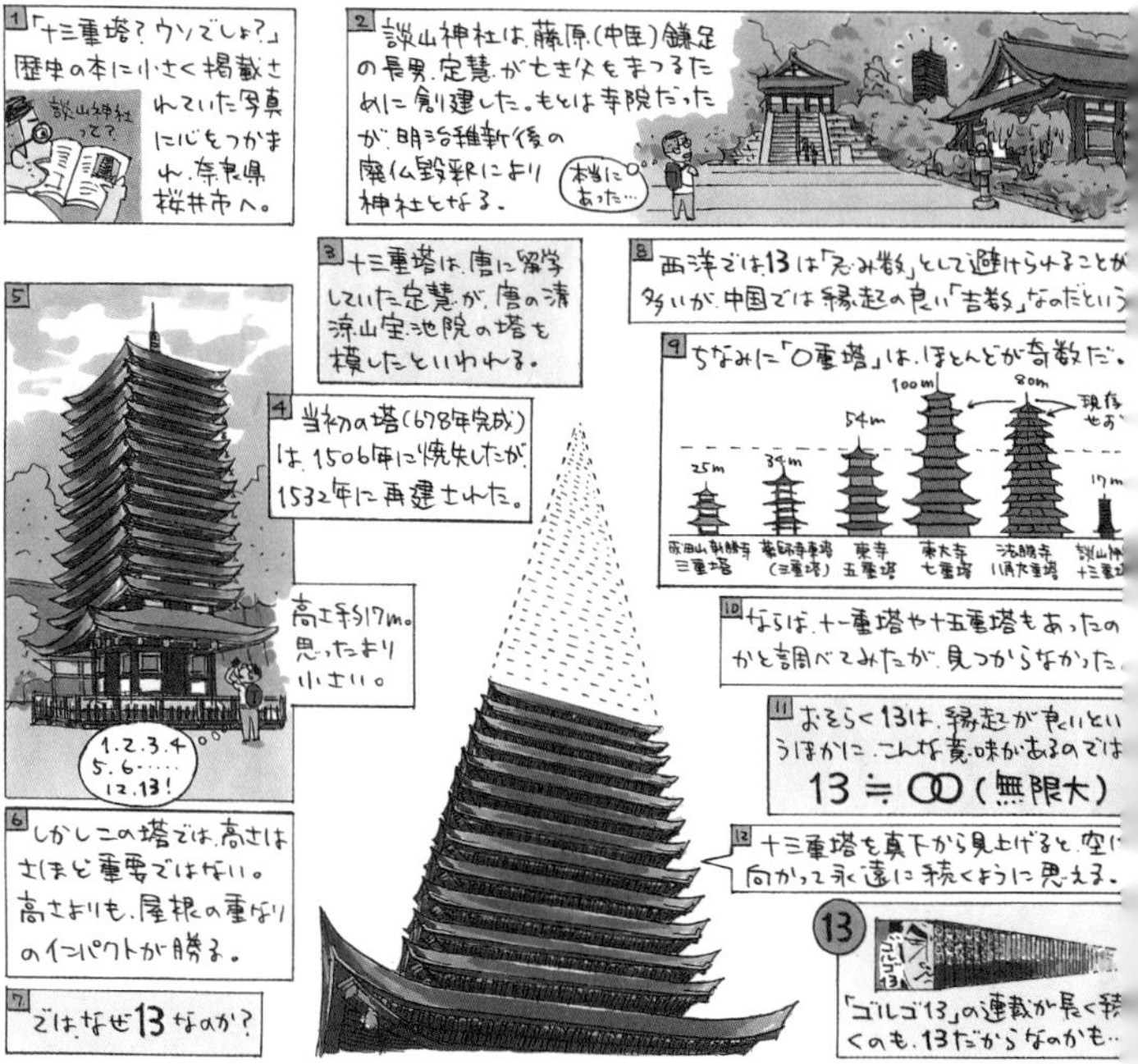
1 「十三重塔？ ウソでしょ？」歴史の本に小さく掲載されていた写真に心をつかまれ、奈良県桜井市へ。
談山神社って？
2 談山神社は、藤原（中臣）鎌足の長男、定慧が亡き父をまつるために創建した。もとは寺院だったが、明治維新後の廃仏毀釈により神社となる。
本当にあった…
3 十三重塔は、唐に留学していた定慧が、唐の清涼山宝池院の塔を模したといわれる。
4 当初の塔（678年完成）は、1506年に焼失したが、1532年に再建された。
5
高さ約17m。思ったより小さい。
1.2.3.4 5.6…… 12.13！
6 しかしこの塔では、高さはさほど重要ではない。高さよりも、屋根の重なりのインパクトが勝る。
7 ではなぜ13なのか？
8 西洋では13は「忌み数」として避けられることが多いが、中国では縁起の良い「吉数」なのだという
9 ちなみに「〇重塔」は、ほとんどが奇数だ。
25m 34m 54m 100m 80m 17m
成田山新勝寺 三重塔
薬師寺東塔 （三重塔）
東寺 五重塔
東大寺 七重塔
法勝寺 八角九重塔
10 ならば、十一重塔や十五重塔もあったのかと調べてみたが、見つからなかった。
11 おそらく13は、縁起が良いというほかに、こんな意味があるのでは
13 ≒ ∞（無限大）
12 十三重塔を真下から見上げると、空に向かって永遠に続くように思える。
13 「ゴルゴ13」の連載が長く続くのも、13だからなのかも…

「13」は永遠へのプロローグ

↑至大和西大寺駅
JR桜井線
大和八木駅
近鉄大阪線
畝傍駅
香久山駅
桜井駅
165
166
橿原神宮
近鉄橿原線
橿原神宮前駅
崇峻天皇陵
飛鳥寺
談山神社 十三重塔
近鉄吉野線
飛鳥駅
石舞台古墳
0 2km

指定 重要文化財

建設時期 初代の塔は678年に建立。現存の塔は1532年の再建

設計者 不詳

- 8：30～17：00（受付は16：30まで）。無休
- 大人600円
- 斜面の下方に対して南向き
- 奈良県桜井市多武峰319
- 鉄・JR桜井駅からバスで談山神社下車、徒歩3分

南東側から見た金堂（イラスト）

12

唐招提寺

奈良時代

じっくりと見たい

奈良市
奈良時代後半

唐から日本に渡った鑑真が、
759年に開いた道場「唐律招提」が起源。
金堂は8世紀後半、弟子の如宝が中心となり、
完成させたといわれる。
井上靖の小説「天平の甍《いらか》」は、
金堂の屋根に鴟尾《しび》を取り付ける下りが
クライマックス。
金堂は平成の大修理を2009年に終え、
本物の鴟尾は宝蔵に保管された。

列柱のセオリー

法隆寺に続いて、奈良の古寺を訪ねる。平城京跡の南側に位置する唐招提寺だ。南大門を抜けて境内に入ると、なぜか既視感を覚えた。植物で両側を挟まれたアプローチが延び、その先で視線を受け止める列柱。以前、『昭和モダン建築巡礼』（2006年刊）の取材で、これと似た光景を見たような……。そうだ、これは佐藤武夫が設計した岩国徴古館（1945年竣工）に似ている。1200年の時を隔てて共振する建築。これだから建築巡

指定　世界遺産（古都奈良の文化財）、国宝
建設時期　8世紀後半
設計者　不詳

8：30〜17：00（受付は16：30まで）。無休
大人1000円
金堂の正面（列柱のある側）は南向き
奈良市五条町13-46
近鉄・西ノ京駅から700m。近鉄・JR奈良駅からバスで唐招提寺下車すぐ

りは楽しい。

さて、まずはこの金堂を遠くから眺めよう。奈良時代に創建された金堂は、2009年に平成の大修理を終えたばかり。目を引き付けるのは、シンプルな寄せ棟の屋根だ。この屋根の形は元禄時代の改修以来のもので、創建当初はもっと低くて勾配が緩かったらしい。しかしそれが、今より格好良かったとは想像できない。それほど完璧なシルエットの屋根だ。

棟の端についている飾りは鴟尾《しび》という。時代を下るとシャチの形になり、水との結び付きで火災除けのお守りとなったものだ。東大寺大仏殿など多くの鴟尾は金色だが、この鴟尾は瓦の色がそのまま現れている。平成の大修理の際に取り換えられたばかりにもかかわらず、しっくりとなじんでいる。

金堂に近づく前に、その右側に回ってみよう。小さな鼓楼があり、その外側には礼堂が長く延びている。そして金堂の裏には、平城京から移築された講堂が建つ。ボリュームの異なる複数の建物によって生まれる外部空間の魅力も、唐招提寺の建築的な鑑賞ポイントだ。

このあたりについては、文芸評論家の亀井勝一郎も指摘している（『大和古寺風物誌』1943年、新潮文庫）。亀井によると、唐招提寺において金堂はあまりにいかめしい。講

唐招提寺は、中国(唐)から日本に渡った鑑真が開いた寺院だ。貴重な建物が数多くあるが、一番の見所は金堂だろう。

鑑真の死後、弟子の如宝らの手によって建てられた。

南大門をくぐるといきなり目に飛び込んでくるのが、シンプルで大らかな大屋根のシルエット。奈良の他の寺とはずい分印象が違う。

勝手に命名、古建築界の谷口吉生!?

南側に立つ8本の列柱がギリシャ建築のコロネードを想起させるとしばしば言われるが↙

宮沢が思い浮かべたのは谷口吉生の建築。

派手さはないものの、端正なプロポーションで見る者を魅了する。

法隆寺宝物館(1999)▶

イソさんは佐藤武夫の岩国徴古館(1945)に似てる、と言ってます。

現地では気付かなかったが、8本の円柱の柱間は等間隔ではないという。中央が最も広く、端にいくほど狭くなる。そうか、だから正面に立ったとき、魚眼レンズで見たような広が
も感じるのか…。

奇をてらった造形がほとんど見当たらない中で、唯一の"遊び"といえるのが、軒下の四隅にある(居る)

隅鬼《すみおに》。

単なる彫刻ではなく、隅木を支える構造部材。ちゃんと見たい人は双眼鏡を持参すべ

軒下で頑張る鬼たちを見逃すな

堂は寺としての陰影に乏しい。鼓楼は華奢《きゃしゃ》すぎる。礼堂は整いすぎていて古典の意味に欠ける。ところがこの4つの堂がそろうと、互いに不足なところを補い合って欠点を見いだせない。「伽藍の交響楽だ」とも書いている。

これはその後、１９６０年代になって建築家の槇文彦が提唱する「群造形」に近いデザインの手法だ。

◆8本の列柱で仏と人との中間領域をつくる

いよいよ金堂に近づいていこう。最大の特徴は、正面に並んでいる8本の丸柱である。等間隔に並んでいるように見えるが、実は中央から端に行くにつれて、16尺、15尺、13尺、11尺と柱間が狭くなっている。さりげないテンポの変化。音楽になぞらえれば、コンピューターの打ち込みによるタイトなリズムではなく、手打ちでグルーブ感を出してみた感じだろうか。

金堂内部には、中央に盧舎那仏《るしゃなぶつ》坐像、その右と左に薬師如来立像と千手観音立像が置かれている。

金堂・折上げ組入れ天井
ほえ〜

金堂には、3体の大きな仏像が並ぶ。中央に立つのは約千体の化仏《けぶつ》(ミニ仏)を背にした盧舎那仏坐像。

その右には薬師如来像、左には千手観音像。乾漆造の繊細な木像が、1000年以上も腐らずに残っていることがすごい。機械空調なしでも温度・湿度が安定している証拠だろう。

この金堂、2000年から09年にかけて、構造体をいったん解体する大修理を行った。その際、大屋根の架構をトラス部材で補強した。

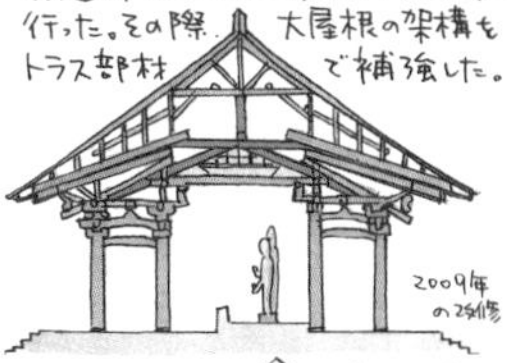
2009年の改修

実は、明治期の改修で既にトラスが加えられていた。

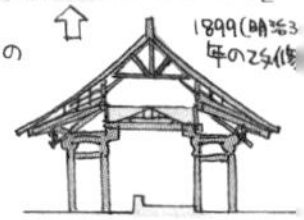
1899(明治3
年の改修

さらにさかのぼると、元禄の改修では、屋根の高さを約2m高くしていた。
ええっ!!

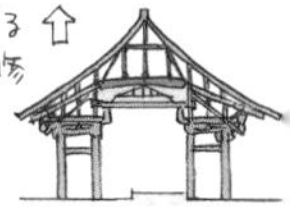
1692(元禄5)
の改修

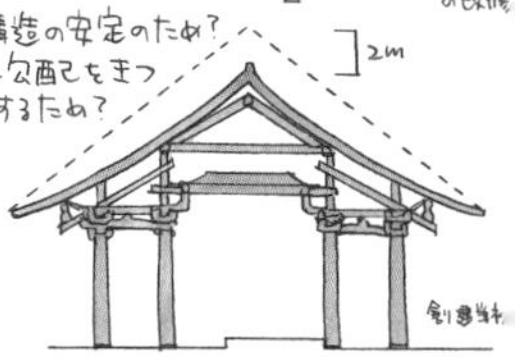
構造の安定のため?
水勾配をきつくするため?
2m
創建当

オーセンティシティについて考えさせる先人たちの改修

我々が今、美しいと感じる屋根の勾配は創建当初のものではない—。しかし、先人の様々な工労が蓄積されているこの屋根を「元の屋根に戻せ」という人は、まずいないだろう。近年、様々な保存再生プロジェクトでオーセンティシティ(真正性)が問題視されているが、この建物を見ると「変えることも歴史の必然」と思えてくる。

初期の寺院における金堂は、あくまでも仏のための建物であり、人は中へ入ることができない。拝むときも外から拝んでいた。これが近世になると、礼拝のための空間が建物の内部に入っていき、仏と人がひとつの建物をシェアしていくようになる。

唐招提寺の金堂は、その過渡期の形式といえるだろう。建物の前に列柱を並べて、仏と人の中間領域をつくったのだ。外でもなく内でもない半屋外空間。これは建築的な大発明だったといえる。

こうした列柱の手法は、日本の仏教寺院には例が少ない。どこに由来しているかというと、中国である。というのも唐招提寺を建立したのは唐の高僧、鑑真とその弟子たちなのだ。

◆「ここではないどこか」の古典建築

鑑真は日本から唐を訪れた栄叡や普照ら若僧の依頼に応えて、自ら日本に渡ることを決心し、幾度も暴風に航海を阻まれながらもついに上陸を成し遂げ、仏教の戒律を我が国に広めた。その逸話は井上靖の小説『天平の甍』（１９５７年、新潮文庫）でも取り上げられている。

分かりやすくするため、これを20世紀の日本建築界に例えてみよう。

大学を出たばかりの前川國男や坂倉準三がパリのル・コルビュジエのアトリエを訪れる。「本物のモダン建築を広めたいので、どなたか日本に来てください」。それを聞いたル・コルビュジエは、弟子たちを前に尋ねる。「誰か行く者はいないか」

しかし、遠く離れた東洋の小国にわざわざ出かけようという者がいるわけがない。誰も手を挙げないまま静かな時が流れる。そんななか、沈黙を破ったのはル・コルビュジエ御大だった。「ならば自分が行こう」。そうして、上野の国立西洋美術館（1959年）は生まれた……。

妄想に筆がすべったが、ル・コルビュジエもまた、サヴォア邸や国立西洋美術館に見られるように列柱の手法を愛した建築家だった。そのルーツにはもちろんギリシャのパルテノンがある。冒頭に触れた佐藤武夫の岩国徴古館も、ヨーロッパの建築に憧れて設計した建物である。そして唐招提寺もまた、仏教の先進国、唐の建築を意識して建てられた。

列柱の名建築は、「ここではないどこか」の古典建築に想いをはせたときに生まれるということか。これは古今東西を問わない文化のセオリーなのかもしれない。

南から見た全景

13

東大寺大仏殿

奈良時代

じっくりと見たい

奈良市

初代は奈良時代（現存は江戸中期の再建）

聖武天皇の「大仏造顕の詔《みことのり》」により、752年に大仏開眼供養が行われた。初代大仏殿はその前年の751年に完成。1180年、平重衡の軍勢により、大仏殿は焼失。大勧進に任命された重源上人が再建するも、1567年の騒乱で再び焼失した。大仏は約120年間、雨ざらしとなるが、1709年に3代目（現存）が落慶。

大きくて小さい空間

南大門、法華堂、二月堂など、名建築が目白押しの東大寺だが、今回は大仏殿を採り上げる。

奈良公園の側から東大寺の境内へ。ウルウルした目で近寄って来る鹿たちを振り切って、まずは南大門を目指す。その奥には、大仏殿の屋根にある鴟尾《しび》が見える。

南大門を抜けてさらに参道を進むと、中門へとたどり着く。現在は中門をくぐることはで

指定 世界遺産（古都奈良の文化財）、国宝

建設時期 初代は751年、2代目は1195年、3代目（現存）は1709年落慶

設計者 不詳

4～10月は7：30～17：30（季節によって変更あり）。無休

大人600円

正面は南向き

奈良市雑司町406-1

JR奈良駅からバスで大仏殿春日大社前下車、徒歩5分。近鉄奈良駅から徒歩約20分

きないので、左に回って回廊内へと入る。

「ほぉー」。視界を覆うような建物の大きさに、思わず感嘆の声が漏れる。

正面の幅は57・5m、奥行きは50・5m、高さは49・1m。現在では大館樹海ドーム（1997年竣工）などにその座を譲ったが、それまでこの建物は長く世界最大の木造建築として君臨してきた。

東大寺大仏殿の創建は奈良時代に遡る。平安末期に焼失するが、鎌倉初期に重源が再建。それも火災に遭って、現在、我々が見ることができる大仏殿は、江戸期に建て直されたものである。

建て替えによって、建物は少しずつ変化している。建築様式でいえば、創建されたときには、それまでの日本の寺院にのっとった和様《わよう》でつくられ、重源の再建によって大仏様《だいぶつよう》に変わった。さらに江戸期には正面に唐破風が付いたりして、様式が不明瞭になっている。

◆天平のメタボリズム

一番大きく変わっているのは、その大きさだ。現在は正面に並ぶ柱は8本だが、江戸期の

巨大さ《BIGNESS》
について、今回は
考えてみたい。
鋳造の大仏(座高15m)
は確かに巨大だが、
それを見る前に大仏殿
の外観の巨大さに
打ちのめされてしまい、
心ここにあらず…。
ぐごおおお
うおっ
ぽか〜ん
現実とは
思えない
※あくまで宮沢の第一印象です
大仏殿は高さ49m。200m級の超高層も見慣れている現代人に、なぜこれほど巨大に見えるのか
理由1 なかなか全ぼうが見えない。
南大門
中門
約300m
理由2 手前に縦長の広場があり、
豆粒のような人の大きさと比べてしまう。
理由3 階数を想像させない
オブジェ的な外観。
これに
近い
これとは違う
何階建てなのか
全くわからない
不気味さ
階数が想像
できる安心感。

建て替え前までは12本あった。長さで言えば幅88ｍもあったのだ。現在の約1・5倍である。今でも圧倒されるぐらいだから、これを見た天平人の驚きたるや、いかほどのものだったであろうか。

このメガストラクチャー（巨大な構造材を用いた建造物）の建設を命じたのは聖武天皇である。その在籍時、地震や疫病があって世の中に不安があふれていた。それを鎮めることを願って大仏が建立され、その上屋としてこの建物は建てられた。

現代の日本では、東日本大震災があった翌年に、東京スカイツリーという巨大建造物が竣工している。遠い未来の人々がこの時代を振り返ったとき、スカイツリーを大きな震災があったのでそれを鎮めるためのモニュメントと早とちりするかもしれない。そんなことを考えてみたりもする。

ところで聖武天皇は東大寺だけでなく、各地に国分寺、国分尼寺を建てた。また、恭仁《くに》京《きょう》、紫香楽宮《しがらきのみや》、難波京《なにわきょう》と、次々と遷都をもくろんだ。結局のところ、本格的な遷都は果たせず平城京に戻っているが、これだけ多くの都市を計画した天皇はほかにいない。

メガストラクチャーの建築をつくり、数多くの都市を計画する。20世紀の建築界になぞら現大仏殿は江戸時代、1709年に建てられた3代目。築300年。

重源が鎌倉時代(1195年)に再建した2代目は、間口が30m広かった。

初代は、大仏開眼の1年前、751年完成。建築様式は「和様」だったと考えられている。

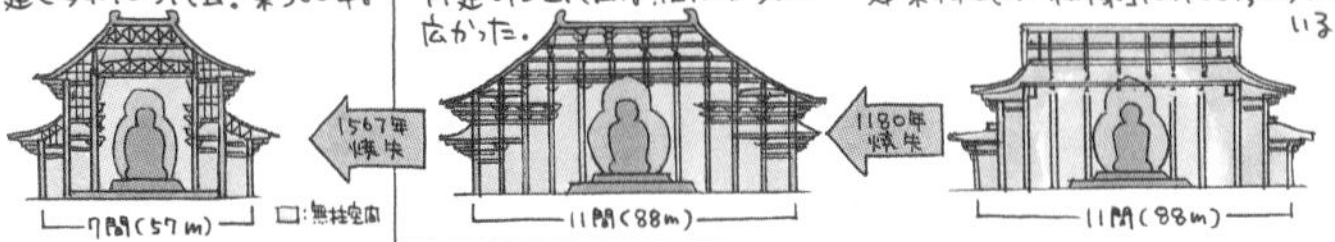

1567年 焼失
1180年 焼失
7間(57m)
□:無柱空間
11間(88m)
11間(88m)

建築様式は、2代目の大仏殿と同じ「大仏様《よう》」。大仏様では、通し柱を格子状の貫《ぬき》でつないで水平力を確保。軒は、柱に差し込んだ肘木《ひじき》で支える。

軒先の組物(三手先)
挿肘木《さしひじき》

貫《ぬき》

江戸時代の再建では、柱の大木が調達できず、芯の丸太を複数の木で包んで柱にした(寄木鉄輪締め)

大仏は鋳造だから、雨ざらしでも腐るわけではない。それでも2度にわたって大仏殿も再建したのは、大仏よりも巨大建築のオーラが勝っていたから

巨大建築といえば、現大仏殿の内部に、こんな模型が展示されていた。それを見て、目が点!

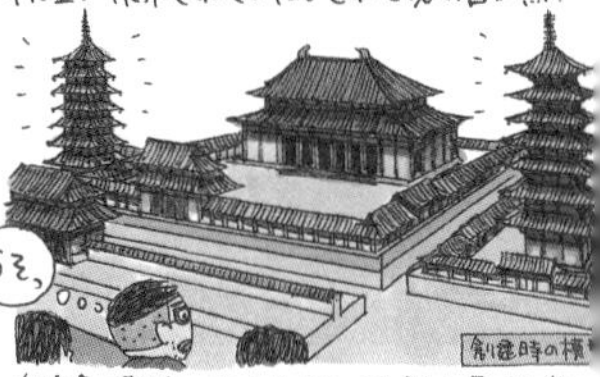

うそっ
創建時の模

奈良創建時には、大仏殿の両脇に「七重塔」が建っていたという。木造で100m級!? アンビリーバボ

東大寺はまさに、現代の「東京スカイツリ的な存在だったのだろう。当時は政や疫病など、世の中が不安定だった先の見えない混とんとした時代になと、人は「巨大なもの」に引かれる?

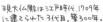

えるなら、聖武天皇はメタボリズム（新陳代謝を意図した建築や都市計画）の建築家に似た志向を持っていたともいえよう。

◆大仏が立ち上がれない天井の高さは何ゆえ？

さて、大仏殿の中へと入ろう。大仏を囲む無柱空間は、公表されている図面をあたると、幅と奥行きが23ｍ、高さが28ｍある。「これまた、大きい」と言いたくなるが、果たしてこれは本当に「大きい」のだろうか。

世界の建築史を見渡すと、様々な大空間が古代から築かれてきた。ローマのパンテオン（2世紀）は、直径が43ｍ、天井までの高さも43ｍだ。イスタンブールにあるアヤソフィアのドーム（6世紀）は直径30ｍ強で、高さは54ｍもある。

東大寺大仏殿の内部空間も創建時は幅58ｍ近くあったとか、石やコンクリートを材料にしたドーム建築を持ち出すのは木造の大仏殿に対して不公平だとか、反論がすぐに飛んできそうだが、単純に容積だけを比較しようとしたのではない。

東大寺の大仏殿が他の大空間建築と異なるのは、その中に大仏が鎮座していることだ。

金銅製の大仏は高さが約15ｍ、創建当初は16ｍあったといわれている。これは座った状態の高さであり、立ち上がった時の身長は32ｍとされる。ちなみにこれは、お釈迦様の身長を10倍した寸法とされている。

大仏の身長が仮に170㎝だとして、同じ比率で大仏殿をつくるとしよう。すると周りの無柱空間は幅、奥行きとも1・2ｍ、高さは1・5ｍである。これでは立ち上がることも寝ることもできない、大仏にとっては相当に窮屈な空間である。人物の像から相対的に見ると、東大寺大仏殿の内部は極小の空間ともいえるのだ。つまり巨大な仏像があることによって、ここは「大きさ」と同時に「小ささ」も見る側に感じ取らせているのではないか。

思い起こされるのは、日本建築史に現れるもうひとつの名作である。千利休による茶室「待庵《たいあん》」（40ページ）だ。そこは人がかがまなければ入れない二畳の極小空間ながら、その中にひとつの完全なる宇宙が演出されていた。

大きな空間と小さな空間が同時に存立してしまう。それは日本建築を貫くひとつの特質なのであり、その片方の端には待庵があり、もう片方には大仏殿がある。そんな日本建築史の新たな構図を思い描いてしまった奈良の旅であった。

浄土寺浄土堂の内部（写真提供：小野市）

14

浄土寺浄土堂

鎌倉時代

じっくりと見たい

兵庫県小野市
鎌倉時代前期

浄土堂は鎌倉時代初期に、
東大寺大勧進職であった重源が建立した。
「和様《わよう》」に対する「大仏様《だいぶつよう》」の代表的な建物とされる。
堂内には仏師・快慶による
巨大な阿弥陀三尊立像（国宝）があり、
晴れた日には自然光の反射によって
後光が差しているように見える。

中世のハイテック

一般的な知名度はそれほどではないにもかかわらず、建築の専門家が非常に高い評価を与えている古建築がある。浄土寺浄土堂はまさにそれだろう。磯崎新や石山修武ら、名だたる建築家がこの建物に特別の評価を与えてきた。いわばツウ好みの古建築。その魅力に迫ってみよう。

場所は兵庫県の内陸地だ。神戸から神戸電鉄に乗って1時間ほどで着く小野駅から、タク

指定 国宝
建設時期 1192年
設計者 俊乗房重源

- 9：00〜12：00、13：00〜17：00（10月〜3月は16：00まで）。12月31日と1月1日は堂内拝観休止
- 大人500円
- 浄土堂は境内中央から見ると東向き。内部撮影は不可
- 兵庫県小野市浄谷町2094
- 神戸電鉄粟生線・小野駅からバスで浄土寺下車。小野駅からタクシーで約10分

シーに乗って約10分。人家もまばらな田園地帯に浄土寺はある。本堂、鐘楼、八幡神社などが配された伽藍の一部として、浄土堂は建っていた。

外観は素っ気ない。正方形の平面にそのまま架かった方形の屋根は、反りやむくりがほとんどない直線的な形。加えて、垂木の先端を鼻隠しで覆っているので、一般的な古建築の味わいに欠ける。これのどこが名建築なのか、と感じるむきも少なくないだろう。

しかしこの建築がすごいのは内部なのだ。内部を見れば、外観の素っ気なさは意図的であることが推測できる。

ポストモダン以降の現代建築には、家型というモチーフがある。切妻や寄棟のシンプルな屋根を載せた建物の形態で、そこではしばしば軒の出をなくすなど建築的なディテールの消去が行われる。そうした「抽象化された家型」の先駆が浄土堂の外観だったのではないか。

◆朱色で満たされる空間

さて、内部へ入ろう。中央に4本の柱が立つ3間×3間の平面で、それ自体は普通なのだが、柱と柱は6ｍ近くも離れている。

今回の主役は、俊乗房重源（1121～1206）。

浄土宗の僧侶にしてプロデューサー。

そして日本最初期の「建築家」。

重
源

重源は平氏の南都焼き打ち（1180）で焼失した東大寺の再建を進言し、「東大寺大勧進職」に任命された。

今でいえば、総合プロデューサー。

この時、重源61歳。

もうひと花
咲かせるか

姫路
小野
京都
神戸
大阪
奈良

東大寺の荘園として大部荘《おおべのしょう》（兵庫県小野市）も与えられた重源は、この地に浄土堂を建設する。いわば献金税収増のためのショールーム

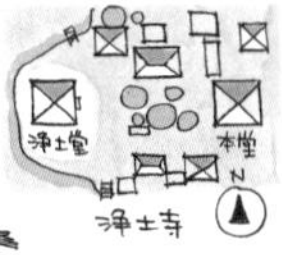
浄土堂
本堂
N
浄土寺

外観は意外に素っ気ない。

しかし、これはおそらく内部とのギャップを大きくするため。

堂内に一歩足を踏み入れると…。

ひょおお、まさに「浄土」！
仏像（快慶作）の背後から差し込む光が床に反射し、屋根裏や梁を照らし出す。
部屋全体としては暗いのに、印象としては「光の泉」。

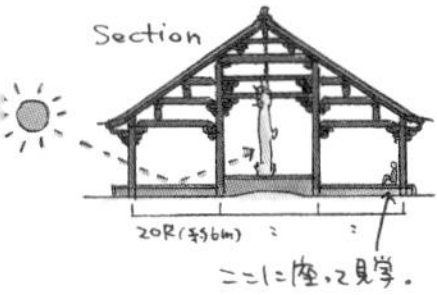
Section
20尺（約6m）
ここに座って見学。

難しいっ
内部撮影禁止のため、今回も現地でスケッチ →

中央部には円形の基壇があり、その上に阿弥陀三尊像が安置されている。かつてこのお堂では、阿弥陀像の周りを念仏を唱えながら歩くという儀式が行われていたという。その活動がここではストレートに平面の形に結びついている。機能主義的な空間といってもいい。

とはいうものの、視線を上に向ければこれが単なる機能主義で片付けられないことは明らかだ。柱から横に延びるのは太い梁。それが上部では柱同士をつなぎ、下部では放射状に広がる。天井が張られていないため、これらの構造材はすべてあらわになっている。ものすごい迫力だ。

柱間6mといえば鉄筋コンクリートのラーメン構造で採られるスパンであり、梁は当然太くなるのだろうが、これほどの太さが本当に必要なのだろうか？　そんな疑問さえ湧いてくるほど、その存在感は大きい。仏師、快慶の作による高さ5・3mの立像ですら、この空間では脇役に見えてしまう。

ここでは、構造は空間を生み出す手段というだけではない。構造は表現でもあり、それこそが「主役」なのである。

日が傾いてくると、浄土堂の内部には蔀戸《しとみど》を通して太陽光が差し込む。光が床に反射し、

それにしても、梁の量感がすごい。たかだか6mのスパンを飛ばすのに、こんなに梁が必要なのか？もちろん強度アップの効果もあるだろうが、真の狙いは、仏が天に昇るような上昇感を生み出すことだったに違いない。梁の下に彫り込まれた白いラインがそれを強調する。（ただの塗装なのに光って見える）

実をいうと、重源のもう一つの傑作とされる東大寺南大門のほうは、重源のすごさがピンと来なかった。

建築とは光と影なり

確かに、柱・梁の量感は圧倒的だし、金剛力士像も大迫力なのだが、仏像が暗い場所に押し込められていて、なんだかかわいそう。立体格子もよく見えない。

もしかすると重源は、ここでももっと光を内部に入れたかったのでは？ 妄想図→

そんな妄想はさておき、重源がつくった2代目大仏殿（1567年に焼失）はどれだけすごかったのだろうか…。研究者の方、リアルCGで再現を！

建物の西側に回ると、西日を入れる格子戸は吊り上げ式になっていた。

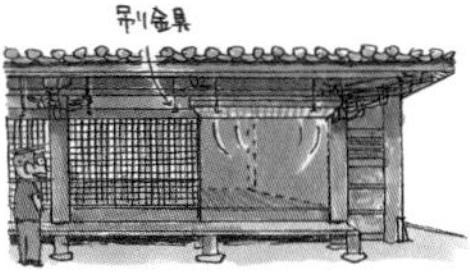

浄土堂は西向きの斜面地の西端に建っている。ということは、日没時に直射光を入れることができる？

オレンジ色に染まる空間、見てみたい！ でも、浄土堂の拝観時間は17時まで（冬期は16時）。年に数回でいいから、「日没を見る会」を実施してほしい。

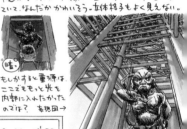

天井を照らし上げると、朱色の光で空間が満たされる。構造だけでなく環境も、この空間づくりにおいて重要な要素であったことが分かる。

思い起こしたのは英国の建築家、ノーマン・フォスターの作品だ。香港上海銀行本店ビル（1986年）など巨大な柱梁を露出させた建築は「ハイテック」と称された。しかも彼の作品では、光や熱といった環境の適切なコントロールが企図されている。こうした20世紀末のハイテック建築に通じるデザインを、浄土寺浄土堂は持っていたのだ。

◆日本で最初の建築家重源の設計

ところで、本書で取り上げる古建築では、設計者の存在についてほとんど触れていない。おのおのの建物でそれを特定するのが難しいからである。しかし浄土寺浄土堂ではこれがはっきりしている。俊乗房重源である。

重源は僧侶として中国に渡り、その文化を吸収したとされる。青壮年期までの活動には不明な点も多いが、61歳になった1181年、前年の南都焼き打ちによって焼失した東大寺の復興を大勧進職として任される。

勧進職とは資金や材料の調達から職人の手配までを行う、現在でいうところの建築プロデューサーとかプロジェクト・マネジャーとか呼ばれる役割だが、重源は設計の面でもこれを指揮したとされている。

重源が建て替えた東大寺大仏殿は1567年に再び火災で失われてしまうが、その大きさは現存する大仏殿の1・5倍もあったという。その威容は残念ながら今では拝めない。しかし東大寺には重源が手掛けた南大門が残っている。高さ25mの巨大な門で、これを支える構造は貫《ぬき》が幾重にも通る。こちらも浄土寺浄土堂に劣らない豪快な構造表現だ。

こうした建築様式を「大仏様《だいぶつよう》」と呼ぶ。かつては「天竺様《てんじくよう》」と呼んでいたもので、日本建築史の中で圧倒的な存在感を示しているが、重源の没後にこれを引き継ぐものは現れず、それきり途絶えてしまった。大仏様という建築様式が、重源という1人の人物にいかに負っていたかが分かる。

機能、構造、環境から成る複雑なファクターを、抽象化された人工物に統合すること。それが建築をつくるということであり、重源はそれを自覚的に行った。それが日本で最初の建築家とされるゆえんである。

外部の修復を終えた姫路城の外観（写真：姫路市）

15

桃山時代

姫路城

ちらりとでも見たい

兵庫県姫路市
安土桃山時代

日本の城郭で唯一の世界遺産。
5重6階の大天守と3つの小天守が渡櫓《わたりやぐら》でつながり、
幾重にも重なる屋根や
破風《はふ》が華やかな外観を形成する。
関が原の戦い後に城主となった池田輝政が
1601年から大改築を進めたもの。
2009年から修復工事が行われ、
2015年3月に大天守が再オープン。

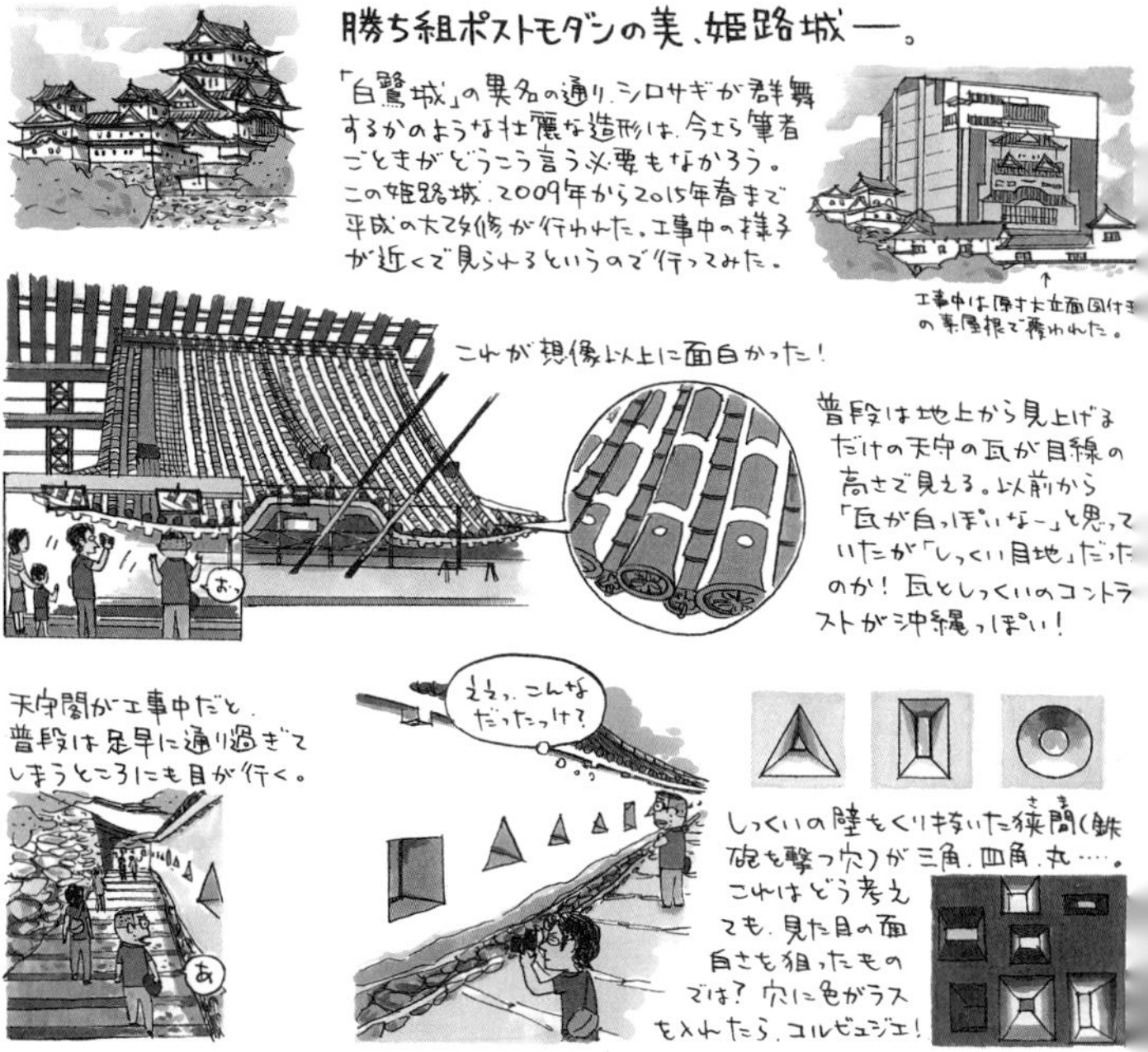

勝ち組ポストモダンの美、姫路城ー。

「白鷺城」の異名の通り。シロサギが群舞するかのような壮麗な造形は、今さら筆者ごときがどうこう言う必要もなかろう。この姫路城、2009年から2015年春まで平成の大改修が行われた。工事中の様子が近くで見られるというので行ってみた。

工事中は原寸大立面図付きの素屋根で覆われた。

これが想像以上に面白かった！

普段は地上から見上げるだけの天守の瓦が目線の高さで見える。以前から「瓦が白っぽいなー」と思っていたが「しっくい目地」だったのか！瓦としっくいのコントラストが沖縄っぽい！

おっ
天守閣が工事中だと、普段は足早に通り過ぎてしまうところにも目が行く。

あ
ええっ、こんなだったっけ？

しっくいの壁をくり抜いた狭間《さま》(鉄砲を撃つ穴)が三角、四角、丸……。

これはどう考えても、見た目の面白さを狙ったものでは？穴に色ガラスを入れたら、コルビュジエ！

ル・コルビュジエのような窓穴

0 500m
姫路文学館
兵庫県立歴史博物館
JR播但線
景福寺公園
姫路城
姫路公園
372
京口駅
2
JR山陽新幹線
山陽姫路駅
姫路駅
JR山陽本線
至西明石駅→

指定 世界遺産、国宝
建設時期 1608年
設計者 不詳

- 9：00～16：00（閉門は17：00、夏季は1時間延長）。12月29日、30日は休業
- 大人1000円
- 姫路公園に対しては南向き
- 兵庫県姫路市本町68
- JR姫路駅からバスで大手門前下車徒歩約5分。徒歩約20分

北西から見た外観

明治時代

ちらりとでも見たい

浜寺公園駅

16

大阪府堺市
明治40年

東京駅の設計で知られる辰野金吾の設計で1907年（明治40年）に完成した木造駅舎。辰野が設計した公共の建物では最小と思われる。当時の浜寺は保養地で、駅舎の完成前年には「東洋一」とうたわれた浜寺海水浴場が開業した。1998年に国の登録文化財となった。

辰野金吾が設計した駅舎といえば、2014年に開業100年を迎えた東京駅が思い浮かぶ。が、それよりもっと古い駅舎が大阪にあるという。築100年以上で、しかも木造。本当に？ というわけで、なんばから南海本線で浜寺公園へ。

駅を降りた客の目をいやでも引きつける、正面玄関の木の柱。とっくり風のくびれ!!

そんな感慨を抱かずにいられない。

ハーフティンバーのグラフィカルな外観は、子どもの塗り絵のよう。

辰野は、記憶に残るデザインが実にうまい。

改さつは自動なのに、建物内は突然レトロ。さらにその向こうは、整備中の大通り。時間を輪切りにしたよう。

この駅舎が建設されたころは、駅から海辺に向かって、別荘地が広がっていたという。それを聞くと、売れっ子の辰野がこんな小さな駅に起用されたことにも納得がいく。

それから100年以上の時が流れ、現駅舎は高架化に伴い、新駅舎の玄関口（こんな感じ↗）になることが決まった。強いデザインは、時代が変わっても強いんだなぁ。

高架化を生き抜く塗り絵模様

指定 登録文化財

建設時期 1907年（明治40年）

設計者 辰野金吾（辰野・片岡事務所）

- 始発から終電まで。無休
- 改札内は入場券150円
- 正面は西向き
- 大阪府堺市西区浜寺公園町2-188
- 南海・難波駅から南海本線で27分

column

俊乗房重源

1121～1206年

災害復興で才能が開花

浄土寺浄土堂や東大寺南大門の建設を担った重源は、平安時代末期から鎌倉時代初期を生きた浄土宗の僧侶。若い頃の経歴には謎が多く、修業時代に中国を3度訪れたとされるが、それもはっきりとはしない。要するに無名の存在であった。

運命が変わったのは61歳のとき。平氏による南都焼き討ち（1180年）が起こり、奈良の主要寺院が大火災に遭う。東大寺の大仏殿も焼失した。これを再建する大勧進の役を、重源が拝命するのである。

大勧進とは、建設費を集め、材料を調達し、職人を工面する責任者。今の言い方なら、建設プロデューサーのことである。

これに重源は全身全霊を打ち込んで取り組む。寄付によってゼロから資金をつくり、近辺からは採れなくなっていた柱用の巨木を、遠く周防国（現在の山口県）から運び込む。浄土寺も、東大寺再建の資金集めを行う領地に建てられたものだ。困難な事業だったが、重源はこれを果たして大抜てきに応えた。

加えて重源は、斬新な大仏様（天竺様ともいう）のデザインを建物の設計に採り入れた。それによって重源は、磯崎新、石山修武など、現代の名だたる建築家たちから、日本建築史上、最も重要な建築家のひとりとして挙げられるようにもなったのである。

その名建築は、災害復興のプロジェクトから生まれたのであった。

Part.
3

中国

朝もやに煙る本殿を西側から見る

17

先史時代

出雲大社

じっくりと見たい

島根県出雲市
創建は7世紀以前（現存本殿は江戸時代中期）

日本書紀や古事記に起源説話を持つ古社。伊勢神宮のような式年造替制は明確でないが、数多くの造営が行われた記録が残る。現本殿は江戸中期に造営されたもので、２０１３年に60年ぶりの遷宮（大改修）を行った。庁の舎《ちょうのや》（現存せず）と神祜殿《しんこでん》は菊竹清訓氏の設計。ちなみに「出雲大社」の正式な読み方は「いづもおおやしろ」。

天へと至る階段

出雲大社の本殿は取材時、遷宮の真っ最中。拝殿だった建物にご神体が移されて仮の本殿となり、本来の本殿には全体を覆う素屋根が架けられていて、その外観は見ることができない。

特別に許可が出て、改修工事中の本殿を見せてもらえることになった。通常は遠目に眺めることしかできない本殿を、すぐそばから見られる。取材が遷宮の時期に当たったのは、か

指定	国宝
建設時期	古文書の最も古い記述は659年。現存本殿は1744年造営
設計者	不詳

- 6：00〜20：00（11月〜2月は6：30〜）。無休
- 参拝は無料。宝物殿は300円
- 本殿は八足門の外側からのみ撮影可。南向き
- 島根県出雲市大社町杵築東195
- 一畑電鉄・出雲大社前駅下車徒歩7分

えって幸運だったかもしれない。

出雲大社の本殿は1744年に建てられたもので、その後、改修を繰り返しながら現在に至っている。今回の改修では屋根のふき替えと、千木《ちぎ》（屋根の上で交差させた木）や床まわりなどの傷んだ箇所を取り換えた。

建物の周りに組んである足場を上がっていくと、漂うのはヒノキの香り。そして檜皮《ひわだ》ぶきの屋根が目の前に現れた。真新しい檜皮の屋根は、うっとりするほどに美しい。ふき替えはほぼ終わっており、端部を手斧《ちょうな》で整える作業が4、5人の職人の手で黙々と行われていた。

その後は下に降りて向拝（付き出た入り口部分）の周りや足元を見て回った。改めて感じたのはこの建物がとにかく大きいということ。平面は1辺が10・9m、高さは約24mある。これは木造の神社建築として最大級のものだ。

◆古代神殿の復元

しかし古代の出雲大社はこれよりもはるかに大きかった。社伝によれば、かつては16丈（48m）、さらに遡れば32丈（96m）もあったとされている。本当にそんな高さが、大昔の木

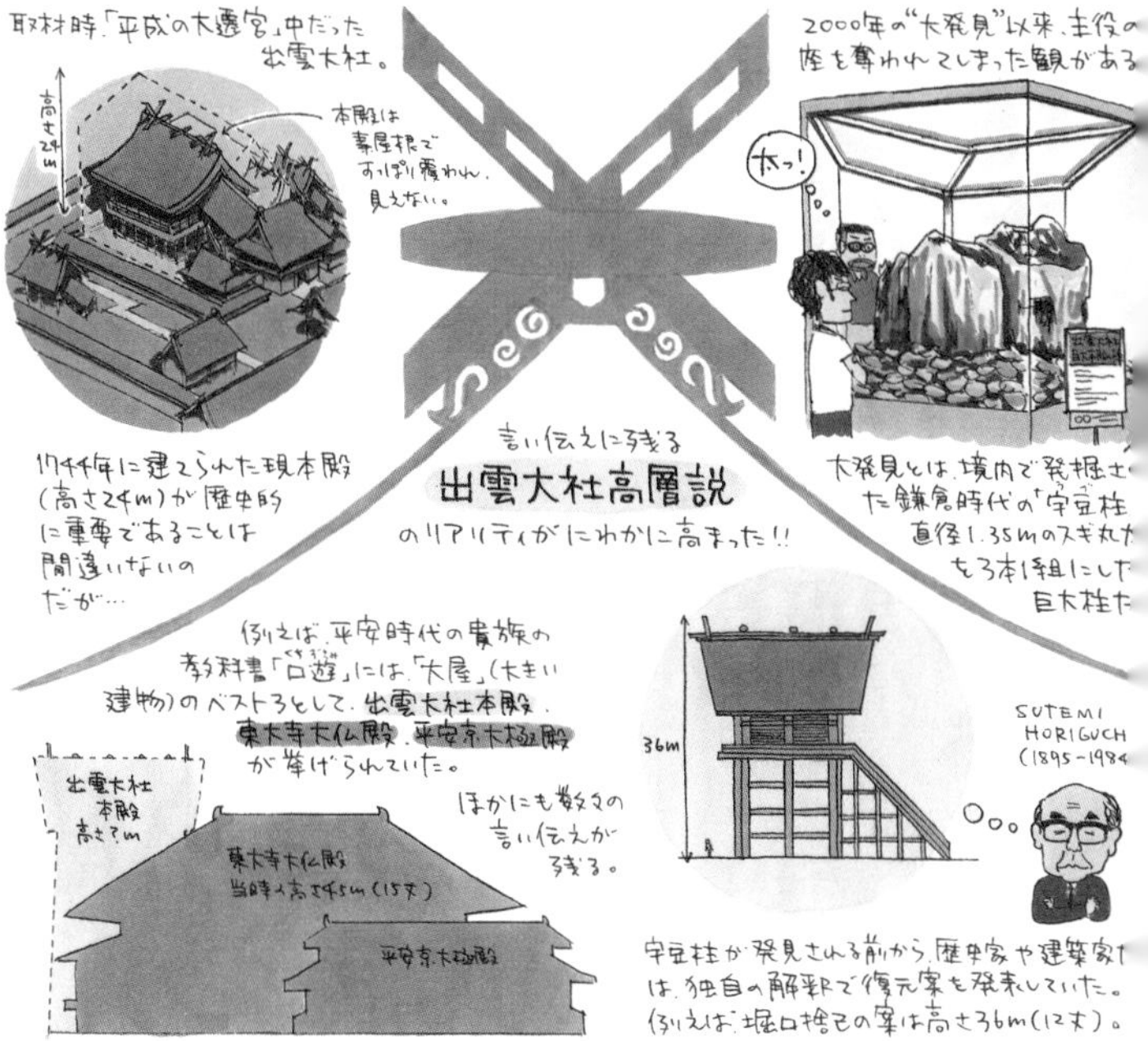
取材時、「平成の大遷宮」中だった
出雲大社。
高さ24m
本殿は
素屋根で
すっぽり覆われ、
見えない。
1744年に建てられた現本殿
(高さ24m)が歴史的
に重要であることは
間違いないの
だが…
2000年の“大発見”以来、主役の
座を奪われてしまった観がある
太っ!
言い伝えに残る
出雲大社高層説
のリアリティがにわかに高まった!!
大発見とは、境内で発掘さ
た鎌倉時代の「宇《う》豆《づ》柱
直径1.35mのスギ丸た
を3本1組にした
巨大柱た
例えば、平安時代の貴族の
教科書「口遊《くちずさみ》」には「大屋」(大きい
建物)のベスト3として、出雲大社本殿、
東大寺大仏殿、平安京大極殿
が挙げられていた。
出雲大社
本殿
高さ?m
東大寺大仏殿
当時の高さ45m(15丈)
平安京大極殿
ほかにも数々の
言い伝えが
残る。
36m
SUTEMI
HORIGUCH
(1895-1984
宇豆柱が発見される前から、歴史家や建築家
は、独自の解釈で復元案を発表していた。
例えば、堀口捨己の案は高さ36m(12丈)。

造建築で可能だったのだろうか。

出雲大社は8世紀に編まれた『古事記』や『日本書紀』にも登場し、そこで既に太古に建造されたものとして語られている。

659年以来、改修や建て替えの記録が残っているが、その大きさが分かる史料が現れるのは10世紀である。『口遊《くちずさみ》』という書物に「雲太、和二、京三」の記述があり、これは建物の大きさを比べて、1位が出雲大社、2位が大和の東大寺大仏殿、3位が京都の大極殿である、との意味だという。東大寺大仏殿の高さが約45mあったと分かっているので、社伝にある16丈が真実味を帯びてくる。

また、鎌倉時代中期の史料『金輪造営図《かなわのぞうえいのず》』には、出雲大社本殿の平面図が描かれている。それによると、柱はそれぞれが3本の木を束ねてつくられており、太さは1丈（約3m）とある。これほどの太い柱を必要としたのは、ものすごい高さの建造物だったに違いない。

そして本殿の高さを何よりも裏付けているのは、これが何度も倒れていることだ。987年の造営から1248年の遷宮まで、合わせて6回もの倒壊が記録されている。本殿は40年ともたないのだ。現在の高さになったのは、この流れを受けてのことである。

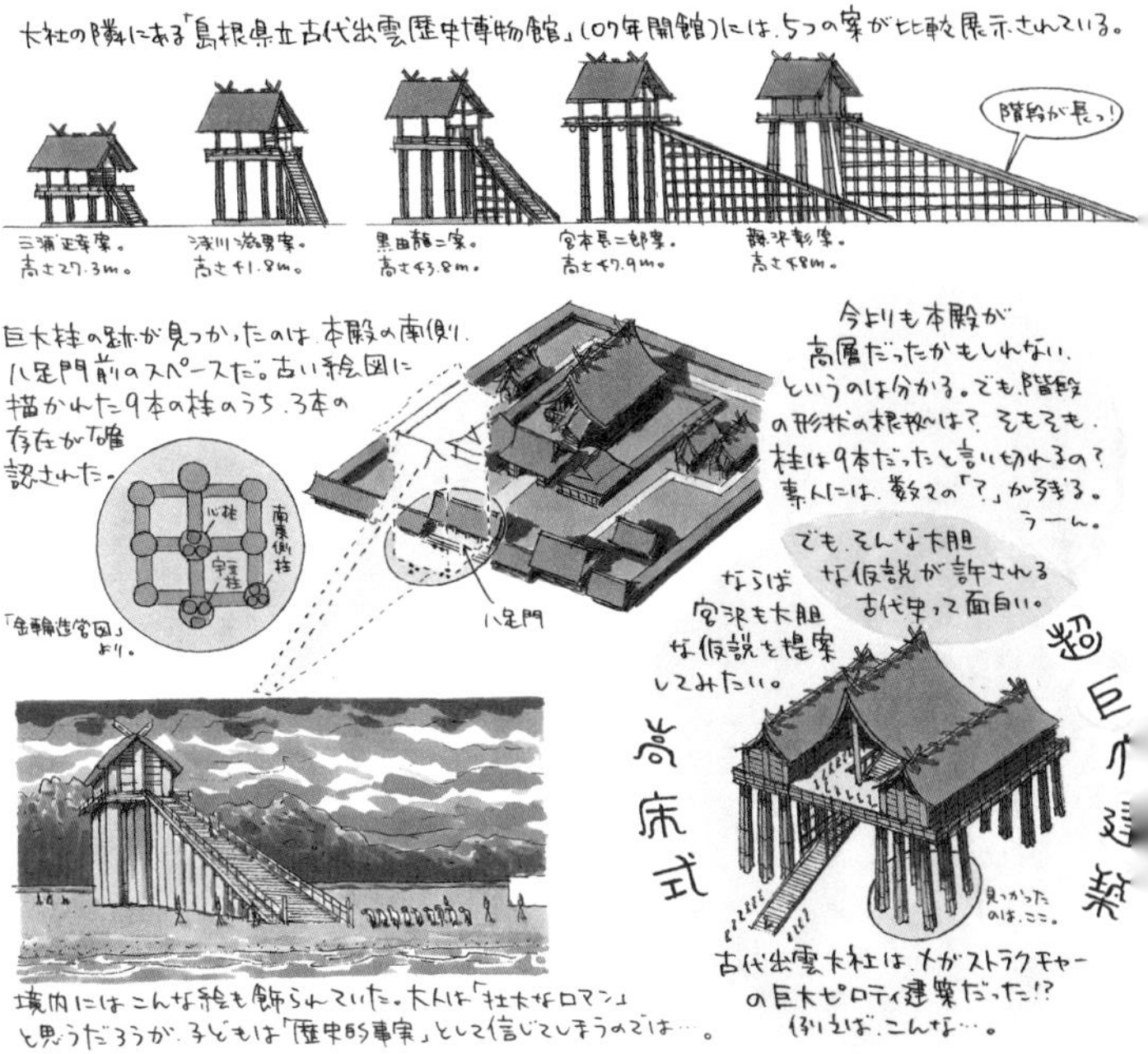
大社の隣にある「島根県立古代出雲歴史博物館」(07年開館)には、5つの案が比較展示されている。

階段が長っ!

三浦正幸案。高さ27.3m。

浅川滋男案。高さ41.8m。

黒田龍二案。高さ43.8m。

宮本長二郎案。高さ47.9m。

藤沢彰案。高さ48m。

巨大柱の跡が見つかったのは、本殿の南側、八足門前のスペースだ。古い絵図に描かれた9本の柱のうち、3本の存在が確認された。

心柱
南東側柱
宇豆柱
「金輪造営図」より。

八足門
今よりも本殿が高層だったかもしれない、というのは分かる。でも、階段の形状の根拠は? そもそも、柱は9本だったと言い切れるの? 素人には、数々の「?」が残る。

うーん。

でも、そんな大胆な仮説が許される古代史って面白い。

ならば宮沢も大胆な仮説を提案してみたい。

超巨大建築
高床式
見つかったのは、ここ。

境内にはこんな絵も飾られていた。大人は「壮大なロマン」と思うだろうが、子どもは「歴史的事実」として信じてしまうのでは…。

古代出雲大社は、メガストラクチャーの巨大ピロティ建築だった!? 例えば、こんな…。

こうした根拠から、建築史家の福山敏男は1936年に、古代の出雲大社本殿を高さ48ｍの高層建築として復元図を発表した。それを元にしてつくった10分の1模型が現在、出雲大社の東隣にある古代出雲歴史博物館には展示されている。

福山の説はあまりにも常識外れのスケール感だったため、建築史学会でもおいそれとは認められなかった。ただ建築家のイマジネーションはずいぶんと刺激したようである。

例えば出雲大社庁の舎（1963年、現存せず）を設計した菊竹清訓は、著書の『代謝建築論』（1969年、彰国社）で出雲大社本殿に触れ、大樹をそのまま中柱として架構したのでは、との説を出している。いわば、出雲大社＝ツリーハウス説だ。菊竹は出雲からもそう遠くない鳥取県の皆生《かいけ》温泉で、東光園（1965年）を設計するが、客室を空中に浮かべたようなデザインは、出雲大社がアイデアの素になっているとも思われる。

◆階段のシンボリズム

さて、古代の出雲大社本殿を巡る論争は、2000年になって急展開を見せる。出雲大社の境内から、直径1・3ｍの柱跡が3本一組の状態で発掘されたのである。福山が構想した高さ48ｍの巨大神殿が実在したことが、途端に有力になったのだ。

しかし個人的には納得がいかないところがある。それは階段だ。福山案には地上30ｍの高さまで真っすぐに上がっていく鉄砲階段（折り返しのない階段）が付いている。『金輪造営図』に、階段の長さは1町（約１０９ｍ）との記載があるので根拠はあるのだが、常識的には考えにくい。

階段の大きさを実感するために、現代の建築と比較してみよう。例えば京都駅ビル（１９９７年）のアトリウムの大階段は高低差が35ｍなので、これに近い。その最上部に建物があっても、下から見上げれば、まずは手前の階段に目が行くだろう。これでは本殿の建物よりも階段の方がシンボリックに見えてしまう。

いや実はそれを狙っていたのかもしれない。天へと至る階段こそが人々の心を魅了し、倒壊にめげずに建設を繰り返させた。そんな仮説もあり得るのではないか。

出雲を愛した文学者、小泉八雲も、本のタイトルにしているし……。いや、それは『怪談』か。

投入堂を崖下から見上げる

18

三仏寺投入堂

平安時代

じっくりと見たい

鳥取県三朝町
平安時代後期

三仏寺は三徳山にある天台宗の古刹《こさつ》。
投入堂は標高約500mの断崖に
張り付くように立つ。
行者（修行者）が法力（仏法のパワー）で
投げ入れたとされ、建立方法はいまだ謎。
奈良文化財研究所が
2001年に行った年輪年代測定によって、
平安時代後期に建てられたとされた。
世界遺産登録に向けた動きもある。

崖の上のプロジェクトX

かねてより一度は見てみたいと思っていた三仏寺投入堂に、念願かなって行ってきた。

JR山陰本線の倉吉駅からタクシーに乗る。三朝《みささ》温泉を抜けて、さらに山の中へと向かい、しばらくすると三仏寺に着く。

石段を上がってまずは本堂へ。その裏に登山事務所があり、入山料を払って山へと入る。

その際、履物のチェックがあり、滑りやすい底の靴だと草履に履き替えさせられる。1人で

指定 国宝
建設時期 開山は706年。現在の投入堂は平安時代後期の建設とされる
設計者 不詳

8：00〜15：00。12月〜3月は積雪のため入山禁止
本堂まで大人400円(宝物殿含む)、投入堂まで1200円
投入堂は外観のみ撮影可。北向きの崖に建つ
鳥取県東伯郡三朝町三徳1010
JR倉吉駅から三徳山行きバスで約40分、三徳山下車

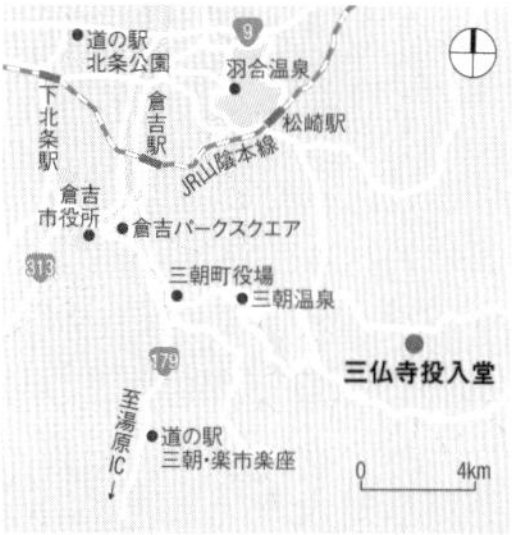

の入山も禁止である。

◆登り始めてすぐ「甘かった」

ここから投入堂までは険しい山道である。とは言うものの、建築の本の取材で磯崎新が登っていたり（磯崎新『日本の建築遺産12選』２０１１年、新潮社）、ＮＨＫのテレビ番組で女優の斉藤由貴が登っていたりする。それもあって、まあ、大変とは言ってもたかがしれている、と踏んでいた。

甘かった。道ですらないのだ。

木の根や石の出っ張りにつかまってはい上がったり、両脇が断崖の石の上を渡ったり。鎖だけを頼りに、ほぼ垂直に登っていくところもある。いくつかの難所があるというのではない。しんどいところが延々と続くのである。登り始めたことを、途中で何度、後悔しただろうか。

ようやく建物が見えてきて「やった」と思ったらそれは投入堂ではなかったりする。投入堂に至る途中に、文殊堂、地蔵堂、観音堂などが建っているのだ。それぞれが岩の上にある懸造《かけづく》りの建物で、これらだけでも普通ならお腹いっぱいなのだが、今回に限っては「前菜」

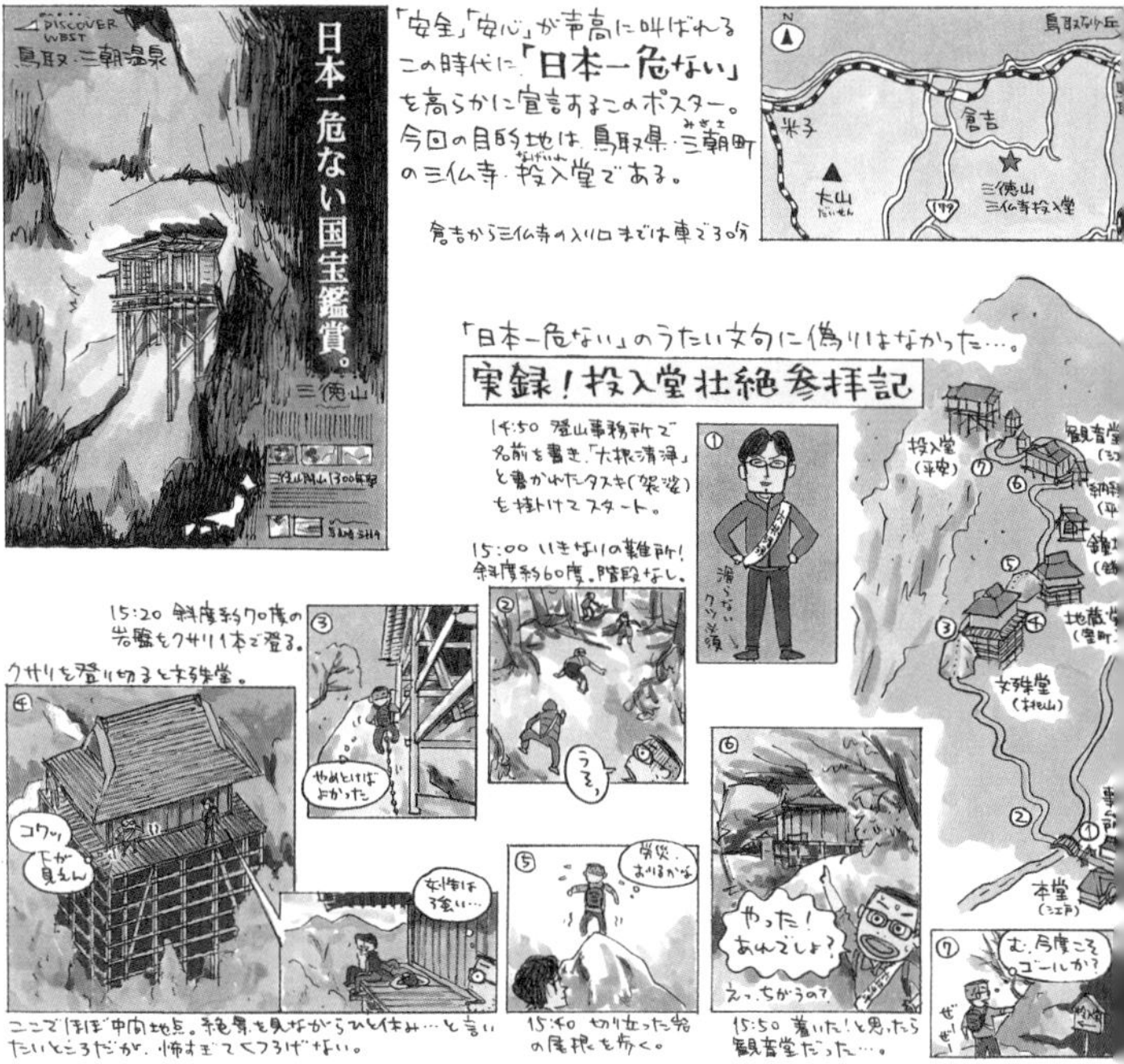
DISCOVER WEST
鳥取・三朝温泉
日本一危ない国宝鑑賞。
三徳山
「安全」「安心」が声高に叫ばれるこの時代に「日本一危ない」を高らかに宣言するこのポスター。今回の目的地は鳥取県・三朝町《みささ》の三仏寺・投入堂《なげいれ》である。
鳥取砂丘
米子
倉吉
大山《だいせん》
179
三徳山
三仏寺投入堂
倉吉から三仏寺の入り口までは車で30分
「日本一危ない」のうたい文句に偽りはなかった…。
実録！投入堂壮絶参拝記
14:50 登山事務所で名前を書き、「六根清浄」と書かれたタスキ（袈裟）を掛けてスタート。
①
滑らないクツ必須
15:00 いきなりの難所！斜度約60度。階段なし。
②
うそっ
15:20 斜度約70度の岩盤をクサリ1本で登る。
③
やめとけばよかった
クサリを登り切ると文殊堂。
④
コワッ
下が見えん
女性は強い…
ここでほぼ中間地点。絶景を見ながらひと休み…と言いたいところだが、怖すぎてくつろげない。
⑤
労災、おりるかな
15:40 切り立った岩の尾根を歩く。
⑥
やった！あれでしょ？
えっ、ちがうの？
15:50 着いた！と思ったら観音堂だった…。
⑦
む、今度こそゴールか？
ぜーぜー
投入堂（平安）
観音堂
文殊堂（桃山）
地蔵堂（室町）
本堂（江戸）

扱いである。

登山の最中、最終目的地の投入堂は一度も見えない。いつになったらたどり着けるだろうか。どんどん不安が増してくるころ、大きな岩の張り出しを回りこんだところで、突然、それは現れた。

◆どうやってつくったのか

投入堂はオーバーハングした岩の下にある。建っている、というよりも垂直の岩壁に張り付いているような印象だ。

投入堂は間近には見えるが、特別に認められた人でない限り、中に入ることはできない。平等院鳳凰堂（14ページ）について「池越しに見るためにつくられた建築」と説明したが、こちらは崖の下から眺めるための建築である。

投入堂は桁行1間、梁間2間の小さなお堂で、そこに流造《ながれづくり》（切妻屋根の平入りで正面側だけ長く延びる形式）の屋根が架かっている。脇には小さな庇が重なりながら取り付き、これが視覚上の軽快さを生んでいる。見えづらいが左奥にはさらに小さな愛染堂が付属している。

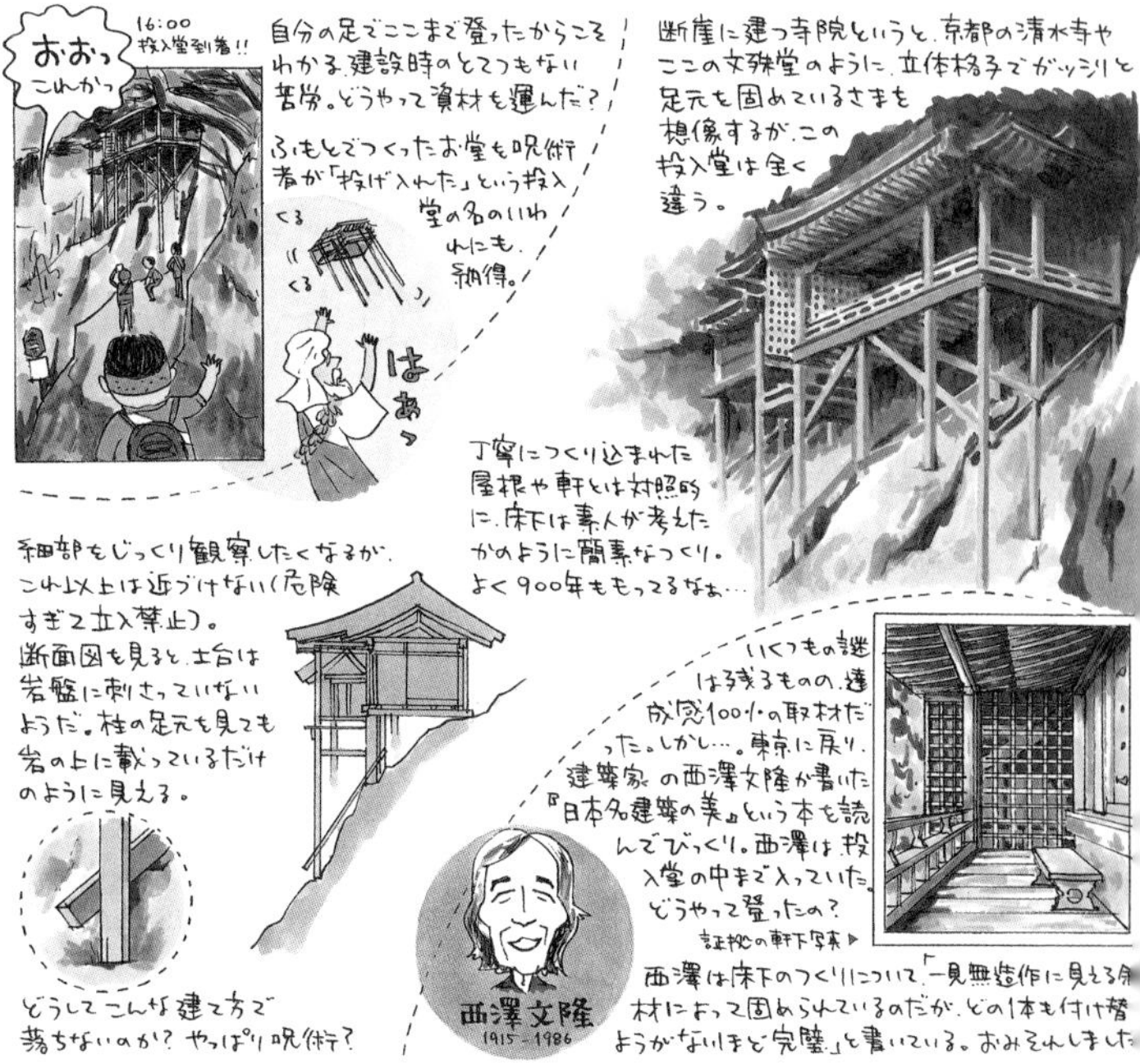
おおっ これかっ
16:00 投入堂到着!!
自分の足でここまで登ったからこそわかる。建設時のとてつもない苦労。どうやって資材を運んだ?
ふもとでつくったお堂を呪術者が「投げ入れた」という投入堂の名のいわれにも、納得。
くる
くる
はぁっ
断崖に建つ寺院というと、京都の清水寺やここの文殊堂のように、立体格子でガッシリと足元を固めているさまも想像するが、この投入堂は全く違う。
丁寧につくり込まれた屋根や軒とは対照的に、床下は素人が考えたかのように簡素なつくり。よく900年ももってるなぁ…
細部をじっくり観察したくなるが、これ以上は近づけない(危険すぎて立入禁止)。
断面図を見ると、土台は岩盤に刺さっていないようだ。柱の足元を見ても岩の上に載っているだけのように見える。
どうしてこんな建て方で落ちないのか? やっぱり呪術?
いくつもの謎は残るものの、達成感100%の取材だった。しかし…。東京に戻り、建築家の西澤文隆が書いた『日本名建築の美』という本を読んでびっくり。西澤は、投入堂の中まで入っていた。どうやって登ったの?
証拠の軒下写真▶
西澤文隆
1915-1986
西澤は床下のつくりについて「一見無造作に見える skills材によって固められているのだが、どの材も付け替えようがないほど完璧」と書いている。おみそれしました屋根を支える柱は、床を貫いて下に伸び、それぞれに異なる長さで岩に接する。岩は切り立っていて、はるか下まで急な崖となって落ちている。よくまあこんなものをつくれたなあ、というのが素直な感想だ。

どうやってつくったのか、と昔から不思議がられていたようで、投入堂という名前も、修験道の祖である役小角《えんのおづぬ》が、法力で建物を投げ入れてできたという伝説に起因したものだ。

いくら小さな建物であるとはいえ、建物を投げ入れるのは現実にはありえない。しかし、建築を含む様々な計画について指す「プロジェクト」という言葉は、もともと「前に向かって投げる」という意味から来ているという。投入堂とは、文字通りの「プロジェクト」なのだ。日ごろから何気なく使っている「プロジェクト」だが、これからはこの言葉を発するたびに投入堂の姿をイメージして、困難な計画にも勇気をもって取り組んでいくことにしよう。

◆建築にひそむ「3」　床下に現れた三角形

さて、この寺の名前は正式には三徳山《みとくさん》三仏寺という。三徳は仏教でいわれる3つの優れた性質、すなわち法身、般若、解脱に由来するといわれ、三仏は釈迦如来、阿弥陀如来、大日如来の三尊を安置していることから来ている。近くには有名な三朝温泉もある。とにかくこの寺には、3という数字がやたらとつきまとっているのだ。

そこで、投入堂の建築にもどこかに3という数字が使われているのではないか、と推測してみた。西洋古典建築においては、基壇、胴部、頂部からなる3層構成が基本になっていたり、建築が備えるべき要素が「強・用・美」の3つにまとめられたりと、3という数字がやたらと出てくるのだが、日本の平安時代に建てられたこの建築にそれがあるだろうか、と思って探してみると、ありました。それは三角形である。

投入堂の床下には斜材が架かっていて、それによって三角形のトラスができている。日本の伝統建築では、屋根の垂木以外にほとんど斜材が現れてこないのだが、投入堂の場合は例外的にそれが目に付くように使われており、外観上の特徴になっている。

斜材の入れ方はいかにも無造作で、補強のため後から慌てて付け足したかのようにも見える。そんな建物が、900年もの間、この厳しい条件の敷地に建ち続けているのだから、建築というのはつくづく不思議だ。建築の強さと弱さについて、改めて考えさせられたのであった。

南側の弥山の中腹から見下ろす

19

平安時代

じっくりと見たい

厳島神社

広島県廿日市市

初代は平安時代後期（現存本殿は室町時代の再建）

平安後期、神主の佐伯景弘が平清盛の援助を得て、今日のような海上社殿を造営した。

当初は本殿以下37棟の本宮と、対岸に19棟の外宮が設けられたといわれる。

二度の火災に遭い、現在の本殿は1571年に再建されたもの。

再建ではあるが、全般に当初の様式を守っており、平安建築の姿を今に伝える。

満ち潮のとき

三仏寺投入《なげいれ》堂に続いて、中国地方にある古建築を訪れた。日本三景の1つとされ、世界文化遺産にも登録されている安芸の宮島、厳島神社である。

広島市中心部からJRもしくは広島電鉄で宮島口駅へ。そこから歩いてすぐのところにフェリー乗り場がある。JR系と広電系の2社が船を運行しているので、どちらかに乗る。JRの方が厳島神社の大鳥居に近い航路を取っているので、海からの眺めをまず味わいたけ

指定 世界遺産、国宝
建設時期 1168年ごろに初代海上社殿が完成。現在の本殿は1571年の再建
設計者 不詳

6：30〜18：00（冬季は17：00まで）。無休
大人300円
大鳥居は本殿の北西方向。満潮の夕暮れ時が好機
広島県廿日市市宮島町1-1
宮島桟橋から徒歩15分

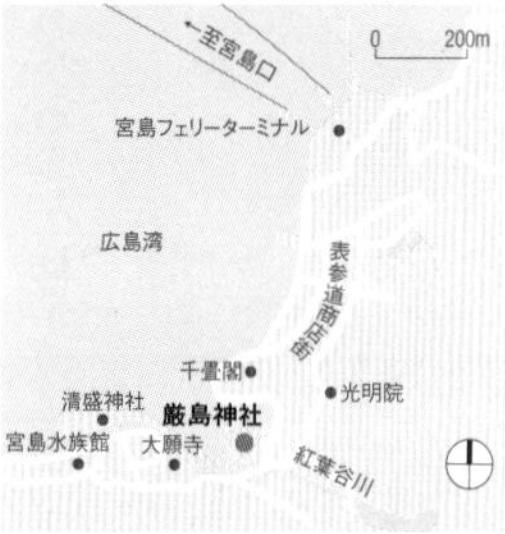

れば、ＪＲの方に乗るとよいだろう。

船は10分ほどで宮島港に着く。そこから海沿いの道を少し歩くと、間もなく大鳥居が見えてくる。左に目をやれば、もうそこは厳島神社だ。

世にも珍しい水上の建築群……のはずだったが、訪れた昼すぎはちょうど干潮時。潮は完全に引いていて、社殿も鳥居も地面の上にあった。朱色の柱と桧皮《ひわだ》ぶきの屋根のコントラストはきれいだが、それだけではこの建築の良さは到底語れない。

この日の満潮時刻を調べると、夕方の18時ごろであることが判明。東京に帰れる交通機関の最終時刻が気になるが、このまま去ってしまうわけにもいかない。

潮が満ちてくるのを待つことにして、その間に厳島神社と関連がありそうな現代の建築について思いを巡らすことにしよう。

◆現代に連なる水上建築

厳島神社の特徴といえば、前述の通り、満潮時には建物の下まで水が押し寄せるということだ。

NHKの大河ドラマ『平清盛』見ましたか？
このドラマの平清盛（松山ケンイチ）は、
型にはまったことが
大嫌いな肉食系男子
として描かれている。
◀まるで本宮ひろ志の漫画のよう。
（慣れない劇画調でスミマセン）
歴史の教科書
で見る「平清盛坐像」
の枯れた印
象とは全
く違う。
六波羅蜜寺蔵
平清盛
厳島神社の海上社殿を見ると、なるほど
平清盛は、大胆不敵な
アイデアマンであった
に違いないと
思えてくる。
宮島桟橋
広電
フェリー
乗り場
宮島口
←至広島
宮島へのアプローチは、昔も今も
船。第一印象から既に「海
の上」という演出がドラマチック。
おー
この建築の魅力の根源は、
繊細な寝殿造りの建築が
荒らぶる海の上にあるという
「ありえない感」であろう。
合成写真みたい
ポリネシアンショーを
見ながら高級和食
を食べるような
ミスマッチ感覚？

ヨーン・ウッツォン設計のシドニー・オペラハウス（1973年）やルイス・カーン設計のバングラデシュ国会議事堂（1974年）など、水とセットでその外観が記憶される建築の名作は多い。フランク・ロイド・ライトの落水荘（1935年）のように、水との関係を正面切って設計の主題にした建築もある。

日本の建築家ではまず安藤忠雄の作品が思い浮かぶ。京都の高瀬川に面して建つタイムズ（1984年）や、池の下に本堂を隠した本福寺水御堂（1991年）などがその代表作だ。

安藤は若き日に厳島神社を訪れたときの感動をインタビューでたびたび明かしている。影響が顕著なのは例えば、十字架が池の中に立つ水の教会（1988年）である。水上のシンボルの背後を回り込んで近づいていく動線は、厳島神社の参拝ルートをなぞっているようにも見える。

◆菊竹や丹下など現代建築にも影響

一方、大鳥居を支える控え柱と貫《ぬき》に注目したのが菊竹清訓だ。ホテル東光園（1964年）の組み柱には、この方式が持ち込まれている。さらには必要な機能を浮き床で広げてい

「海の上」といっても、24時間ずっと水につかっているわけではない。潮がひいている時間帯には大鳥居の足元まで歩いて行くことができる。

ちなみに、現在の大鳥居は1875年に再建された8代目。

社殿の柱は石の上に載っているだけだ。回廊の床板は、1cmほどのすき間をあけて敷き並べられている。水の力に抵抗しない、という考え方のようだ。

これまで見てきた飛鳥、奈良の建築と比べると、ディテールは大ざっぱな印象が否めない。

どうせ長持ちしないと思って、建て替えやすい納まりにした?それに、ピカピカの「朱色」がどうもハリボテっぽく見えてしまう…。

ところが、それまで曇っていた空から夕日が差し始めると、印象が激変。

うおっ
絵になる!

「水」と「朱色」は、夕日をひき立たせる脇役だった!!

おそらく清盛は、この効果も狙って、「満潮の夕刻」に要人を招待したのでは
細部をつくり込まず自然の力を借りて完成する建築。確かに清盛は本当マンガ的アイデアマンだ。

がはは

く手法にも目を付け、「柱は空間に場を与え、床は空間を限定する」という名フレーズを生み出した。菊竹は1950年代末から一貫して海上都市のプロジェクトに力を注いだ。沖縄海洋博覧会のテーマ施設であるアクアポリス（1975年）は、その構想の一部が実現したものといえるが、その浮体構造の建築を建造したのは広島市にある造船所だった。アクアポリスの建設時にも、菊竹は厳島神社を思い起こしていたことだろう。

もうひとり、広島といえば忘れてはならないのが丹下健三だ。丹下は広島平和記念公園（1954年）の設計をコンペで勝ち取り、これが実作デビューとなる。

この平和記念公園について、厳島神社との関連を指摘したのは、建築史家の鈴木博之だ（『日本の〈地霊〉』1999年、講談社現代新書）。確かに本殿、拝殿、祓殿《はらいでん》が一直線に並び、その先の海上に大鳥居が立っている厳島神社の配置は、平和記念公園における資料館と慰霊碑が並ぶ軸線が川の向こうにある原爆ドームまで延びていく構成をほうふつとさせるものだ。

ちなみに丹下は、瀬戸内海の対岸に位置する今治の出身であり、高校時代を広島で過ごしている。

このように、厳島神社は現代の建築に多大な影響を及ぼしていたのだった。

◆天体が地球に及ぼす力

さて、そろそろ日が傾きかけてきた。潮も満ちてくるころだろう。厳島神社へと、再び足を向けてみることにしよう。

海水の先端は既に本殿の先に桟橋のように延びる火《ひ》焼《た》前《さき》に達しようとしており、鳥居の足元は既に水で隠れていた。水面は夕空を映して、黄金の鏡のよう。そして社殿は、陽の光を浴びて赤く輝いていた。朱色に塗られた社寺仏閣を見て、「古建築の味わいに欠ける」と不満を漏らしたくなることもあるのだが、この情景を目にすれば厳島神社の社殿は絶対に朱色でなければならないと分かる。

美しく姿を変えた厳島神社に見とれているうちにも、海水はどんどん陸側に登ってきて、あっという間に拝殿の下まで達した。太陽や月の位置によってダイナミックに移り変わっていく地球の景観。それを実感させることが、この建築の隠されたテーマなのかもしれない。

最終の東京行き新幹線に乗るにはギリギリの時刻になってしまったが、粘って良かったと心から思った厳島神社詣でであった。

東側から見る。右手前が拝殿、左が本殿（写真:吉備津神社）

20

室町時代

じっくりと見たい

吉備津神社

岡山市
室町時代中期

現在の本殿・拝殿は室町3代将軍、
足利義満の時代に約25年の歳月をかけて建設された。
本殿は入母屋の千鳥破風を前後に2つ並べて、
同じ高さの棟で結んだ「比翼入母屋造」。
拝殿は本殿北側に突き出す形で連続し、
当初から本殿と一体で建設されたと考えられている。
吉備津神社は、
釜の鳴る音で吉凶を占う「鳴釜《なるかま》神事」でも有名。

増殖する屋根

岡山駅からJR吉備線に乗って20分弱。吉備津駅に着くと、そこは山間の小さな町だった。駅から少し離れた所から、水田の中に向かって参道が延びている。

松並木の間を歩いていくと、正面の山の中腹に、千木《ちぎ》を掲げた屋根が見えてくる。そこが今回の目的地、吉備津神社だ。

参道は急勾配の石段へと変わり、途中にある北随神門を抜けると、間もなく拝殿の前にた

指定 国宝
建設時期 1425年
設計者 不詳

9：00〜16：00
参拝は無料
庭に面して屋根が2つ並ぶのは東側
岡山市北区吉備津931
JR吉備津駅から徒歩約10分

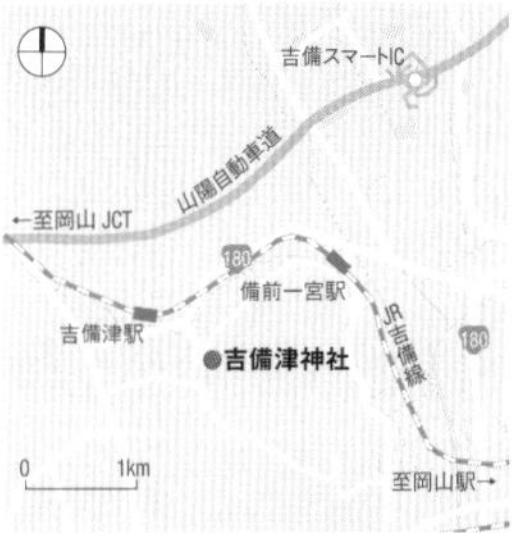

どり着く。そこはとても狭くて、アーケード空間のように半屋内化されている。左に回りこむと、庭が開けていて、ようやく本殿の全景が現れる。

独特の屋根形式は比翼入母屋《ひよくいりもや》造《づくり》と呼ばれている。入母屋の屋根が2つ並び、間に棟を挟んで融合したような格好だ。拝殿の屋根ともつながって見える屋根は、重すぎず軽すぎず、絶妙なバランスで載っている。破風が隣り合う様子は、「番《つがい》の鳳《おおとり》が翼を広げた姿」とも称される。

この屋根形式は吉備津造《づくり》ともいわれる。日本で唯一のものとされてきたが、千葉県市川市の法華経寺祖師堂の本殿に、かつては同様の屋根が架かっていたことが判明。２００７年に比翼入母屋造で再建された。そのため現在は、日本に2つということになっている。

それにしても珍しい屋根形式であることに変わりはない。なぜ、こんな設計をしたのだろう。これを考えるには神社建築の発展史を振り返る必要がある。

◆神社建築の大型化と複数化

神社建築も始まりは形がシンプルだ。伊勢神宮と出雲大社の本殿は、平入りと妻入りの違

吉備津神社は『桃太郎』の元ネタ
になったといわれる
キビツヒコ（吉備津彦）
ゆかりの神社として
知られる。

岡山から吉備津駅まで約20分。同駅から徒歩約10分。

第7代・孝霊天皇の子である
キビツヒコは、人々を苦しめる
悪党を、3人の家来とともに倒し、
その首をこの地に埋めて鎮めた。
それが「鬼退治伝説」に
つながった、とか。

現存する本殿は、足利義満が約25年の
歳月をかけて造営したもの（1425年竣工）
この建築の魅力は「比翼入母
造」と呼ばれる独特の屋根型

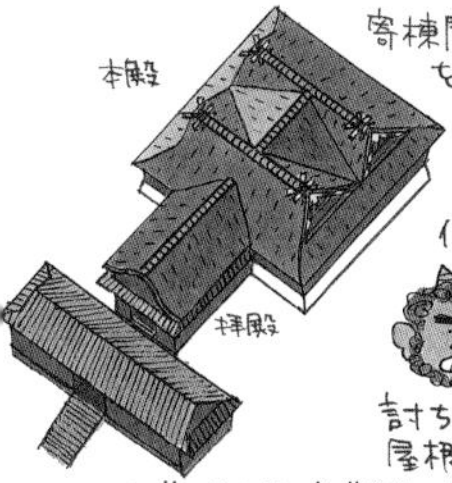

寄棟屋屋根の東西に千鳥破風
を2組ずつ並べ、同じ高さの
棟で一体化している。
さらに、北側に切妻の
拝殿が直交する形で
付いている。棟の形は「エー」
に見える。

討ちとられた鬼の気持ちが
屋根の上に現れたのか？

マメ知識：桃太郎は勧善懲悪の物語として描かれることが多いが、
鬼の視点から「金銀財宝目当てで侵略された」という見方もあるようです。

断面図を見ると、あれ？天井部分に
「M」の形がない…。
中はワンルーム。
ということは、
東西面の4つの
破風は、機能
と関係ないフェイク？

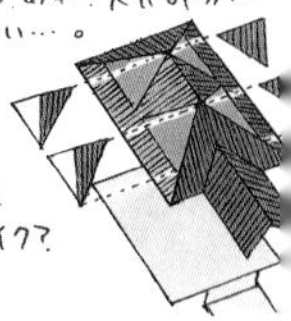

いはあるが、どちらも単純な切妻屋根が架かっている。

これが年代が下るにつれて、次第に様々なバリエーションが生まれてくる。奈良の春日大社では、妻入りの社殿を4つ並列に配置している。また、下関の住吉神社では、同様に妻入りの社殿を5つ並べている。本殿を複数化して密に並べるという形式が広まるのである。

一方で床面積の拡大という傾向も見られる。それに応じて屋根も大型化し、切妻から入母屋へと変わっていく。10世紀に現在の形となったとされる京都の八坂神社は、七間×五間の広さを擁し、巨大な入母屋の屋根を載せている。

複数化と大型化の両方が見られるのが宇佐神宮（9世紀）で、3つ並んでいる本殿は、それぞれが平入り切妻屋根の社殿を前後に並べた格好になっている。そしてこの形式のさらなる進化が、吉備津神社と考えられる。

◆雨仕舞いの難しさから間を棟で結ぶ

吉備津神社の本殿は7間×8間で、内部は三重の構成。外陣、中陣、内陣と内側に行くほど床が高くなる。これは礼拝儀式と関連したものと考えられている。機能的にこれだけの広個性的な屋根型の古建築といえば、下関の住吉神社（1370年）もかなりユニーク。
本殿の細長い切妻屋根（流造《ながれづくり》）の上に千鳥破風が5つ連続する。

形はこちらの方が吉備津神社よりキッチュ。だが、平面図を見ると、こちらは5つの部屋に分かれてい

九間社流造

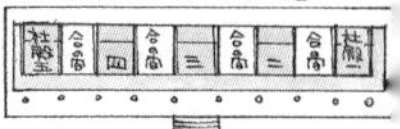

応神天皇などをまつる

これもイソさんと見に行きました。

唯一無二

つまり、住吉神社の連続屋根はフェイクではなく、機能主義的独創性

「連続する破風」と聞いて、村野藤吾の大阪新歌舞伎座（1958年）を思い出した人も多いはず。筆者（宮沢）にとっても、建築分野に放り込まれてから最も衝撃を受けた建築の一つ。

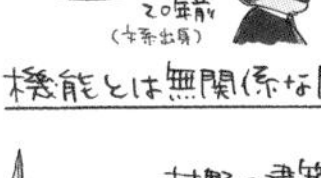

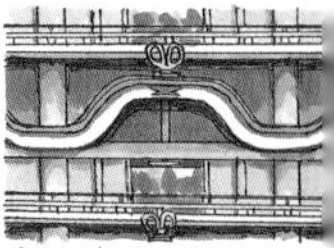

一歩間違えれば「悪趣味
と言われかねないデザイ
に挑む勇気がすごい。

闊達自

機能とは無関係な屋根の繰り返し。でも、かっこいい！

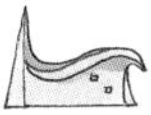

村野の建築は、屋根の形が記憶に残るものが多い。

バブル崩壊以降、「屋根の形が複雑→トラブルが起こりやすい→悪」という図式が建築界を支配している。
でも、そろそろ屋根の面白さにトライする建築家が現れてもいいころでは？
吉備津神社のこんな屋根だって600年も残っているのだから

大雨のときには大変なことになりそう…

さを必要としていたというわけだ。

この建物に1つの巨大な屋根を架けると、自重が大きくなって構造的に不利になる。また立面のほとんどを屋根が占めてしまい、外観が単調になるというデメリットもある。

これを避けるために、吉備津神社では屋根を分けたが、2つの屋根に挟まれた谷の部分は、雨仕舞いが難しい。それでその間を棟で結んだのである。

これにより、合理的で美しい建築が生み出された。しかし、その後の日本建築にこれは広まらない。理由はやはり雨仕舞いの問題だろうか。小さくなったとはいえ、屋根には谷の部分が残っており、そこで雨漏りが起こりやすいのだ。

実際、前述の法華経寺祖師堂では、谷の部分に金属板の雨樋を設けている。

◆建築における「コピペ」とは

吉備津神社では建築の大型化に対する工夫として屋根の複数化というアイデアが採られた。これを現代に応用したのが、例えば村野藤吾の設計による大阪新歌舞伎座（1958年）だろう。この建物で村野は、ファサードを連続する無数の唐破風で覆ってしまった。

こうした外観デザインの工夫に限らず、同じものを複数並べるという手法は、建築ではいろいろなところで使われている。柱や窓などの部材は同じ形のものが並べられるし、装飾にもしばしば繰り返しのパターンが使われている。

病院には同じ病室が並んでいるし、学校には同じ教室が並んでいる。住戸を並べれば集合住宅になり、その集合住宅を並べていけば住宅団地になる。

オフィスビルもそうだ。同じフロアを積み重ねることで超高層ビルになる。超高層ビル自体を増やしてしまえば、ワールドトレードセンター（１９７３年）のようなツインタワーになる。

同じ形を繰り返すこと。これを今、使われている日常用語に置き換えるなら、コピー・アンド・ペースト、いわゆる「コピペ」ということになるだろう。

コンピューターの発達で簡単にできるようになった技術だが、建築設計の分野では、歴史的にこれがずっと行われてきた。建築の発展はコピペとともにあった、ともいえる。

吉備津神社の屋根を眺めながら、そんなことをふと考えた。

東から講堂を見る

21

江戸時代

じっくりと見たい

旧閑谷学校

岡山県備前市
江戸時代中期

江戸時代、
旧岡山藩が庶民教育のために直営した学校。
国宝の講堂には、赤茶の瓦をふいた大屋根が載る。
この屋根は、こけらぶきの屋根をつくった上に、
漆をかけた一枚板を張り、
さらにその上に備前焼の瓦を載せるという
手の込んだつくり。
講堂内の黒光りする床も、
10本もケヤキの丸柱も、江戸時代のまま。

谷間から世界を思う

閑谷学校は岡山藩主の池田光政が１６７０年に設立した学校だ。江戸時代の各藩が設けた藩校の多くは藩士の子弟のためのものだったが、閑谷学校は庶民のための教育を行ったことで知られる。

所在地は岡山県備前市。ＪＲ山陽本線の吉永駅からタクシーに10分ほど乗ると、入り口のすぐ前にたどり着く。が、もし時間の余裕があるならば少し手前の分岐でタクシーを降り

指定 国宝

建設時期 1670年に開校。現存する講堂や石塀は1701年竣工

設計者 不詳

- 9：00〜17：00。12月29日〜31日は休館
- 大人400円
- 講堂は芝庭に対して東向き
- 岡山県備前市閑谷784
- JR吉永駅からタクシーで約10分。JR備前片上駅からタクシーで約15分

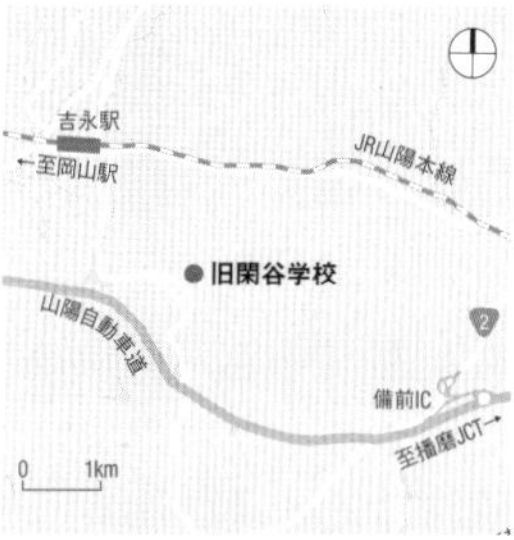

て、徒歩専用の旧道を歩いて行くことを薦めたい。山の中の小道を進んでいくと、1924年に開通したという古いトンネルがある。それを抜けると、いきなり開けた明るい場所に出て、閑谷学校の建物群が現れる。その様子はなんともドラマチックだ。

そこは周囲を緑の山に囲まれた、名前の通り「静かな谷間」。わずかに開けた平地を、さらに塀で囲んで学校の敷地としている。

塀はカマボコのような断面をした分厚い石塀だ。4つある門のうち、東端のところに受付があり、入場料を払って中へと入ると、芝生に覆われた広庭。北側は斜面となっていて、階段で上がった先には、創設者の池田光政をまつった神社と、儒教の祖である孔子をまつった聖廟が並んでいる。

広庭の西側には、講堂が妻面を見せて建っている。南側と東側は前述の石塀だ。建物と石塀と斜面に囲まれた長方形の平地に立つと、自然の地形の中に生み出された明快で近代的なランドスケープが見て取れる。

ふと思い出したのは、盈進《えいしん》学園東野高校（1985年）だ。そのキャンパスは、建築家のクリストファー・アレグザンダーが、パタン・ランゲージの理論をもとに、生徒や教員が抱

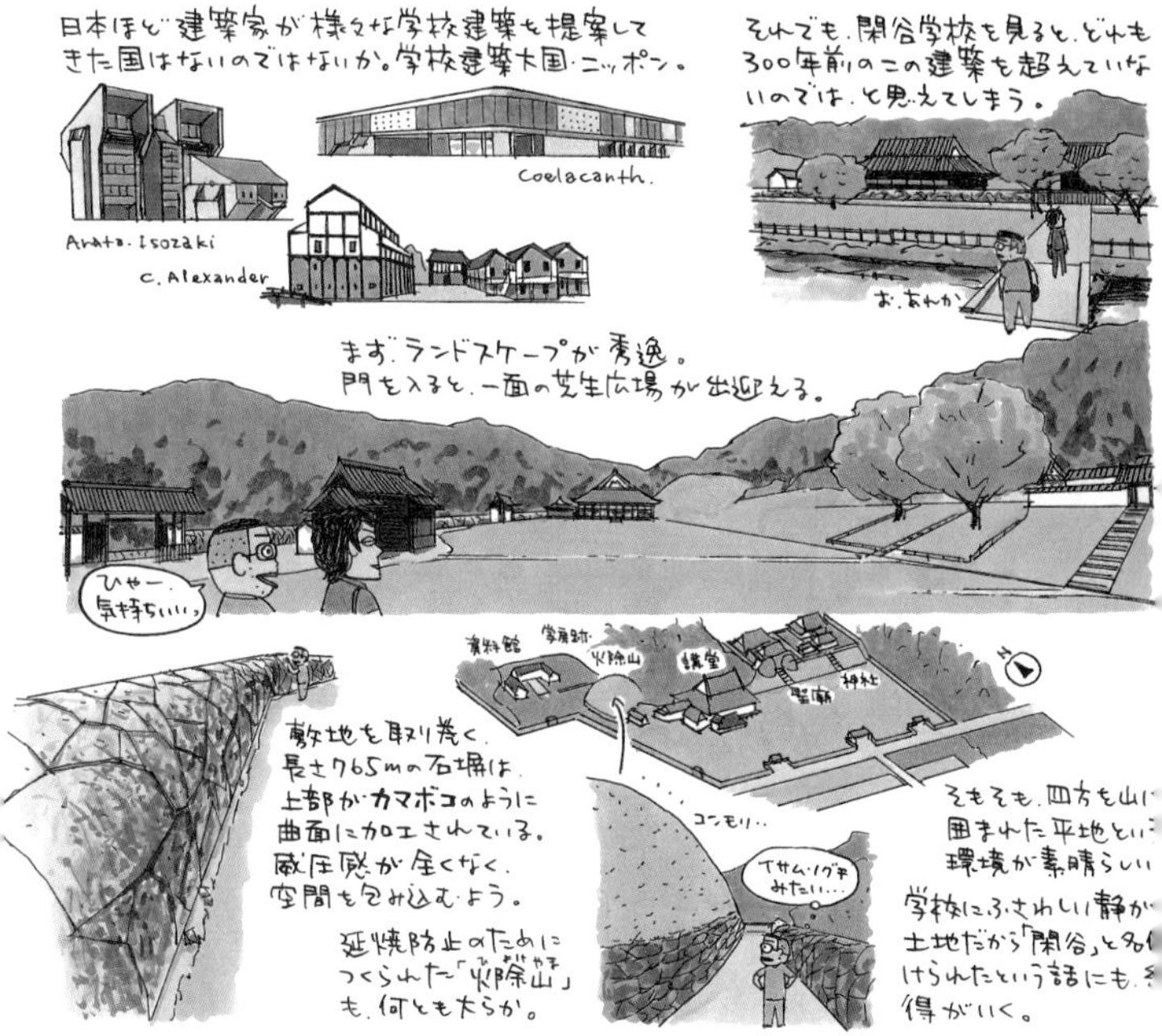
日本ほど建築家が様々な学校建築を提案してきた国はないのではないか。学校建築大国・ニッポン。
Arata. Isozaki
Coelacanth.
C. Alexander
それでも、閑谷学校を見ると、どれも300年前のこの建築を超えていないのでは、と思えてしまう。
お、あれか
まず、ランドスケープが秀逸。
門を入ると、一面の芝生広場が出迎える。
ひゃー、気持ちいい
資料館
学房跡
火除山
講堂
聖廟
神社
敷地を取り巻く、長さ765mの石塀は、上部がカマボコのように曲面に加工されている。威圧感が全くなく、空間を包み込むよう。
延焼防止のためにつくられた「火除山《ひよけやま》」も、何とも大らか。
コンモリ…
イサム・ノグチみたい…
そもそも、四方を山に
囲まれた平地とい
環境が素晴らしい
学校にふさわしい静か
土地だから「閑谷」と名
けられたという話にも、
得がいく。

いている「学校かくあるべし」のイメージを具現化したもの。この閑谷学校も、それに似たある種の理想郷を見る者に想起させる。

◆鏡のように磨き上げられた床面

敷地の西端は、学生たちの宿舎があったエリアだ。ここには明治期になって中学校が建てられ、その校舎が現在は閑谷学校の遺物を展示する資料館となっている。

講堂と宿舎エリアの境には、小高い丘が敷地に突き出ている。これは火災の延焼を防ぐために設けられた火除《ひよけ》山だ。見た目だけでなく、機能を持ったランドスケープがつくられているところにも近代性がうかがえる。

講堂へと引き返そう。閑谷学校のなかで最も規模が大きいこの建物では、1と6が付く日に儒教の講義が行われたという。現在、見ることができる講堂は1701年に建て替えられたもので、桁行7間、梁間6間の建物に、備前焼の赤い瓦をふいた入母屋の屋根が載っている。

これに付属して、日常的な学習空間である習芸斎や、食堂として使われた飲室などの棟が

では、講堂に
向かおう。

講堂は正方形の平屋建てで、
赤茶色の備前焼瓦を載せ
た入母屋の屋根が美しい。

階段で広縁に
上り、花頭窓から
中をのぞくと…

どれだけ磨くと、床がこんな
に光るのか？ まるで黒い海
の上に丸柱が浮かぶよう
小学生のころ、床も雑巾が
するのがイヤだったけれど、先
生たちはこういう凛とした
空間で教えたかったのかな

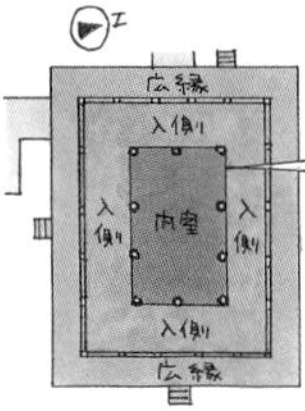

講義を行う「内室」と、そのまわりの
「入側」の間には建具がない。

あえて周囲のザワザワ感が聞こえ
るようにした？ 集中力を養うため？
だとしたら、江戸時代から日本の学校
「オープン・スクール」
だったのだ！

このプラン、
組み合わせ
ると、面白い校
舎ができそう。

ある。いずれも彫刻や装飾が一切ない、合理主義的な建築だ。

いよいよ講堂の中へと入る。外側を広縁が巡っており、そこをぐるりと一周できる。花頭窓を通して内部をのぞくと、床は漆塗りで鏡のように光を反射している。往時の学生たちが、雑巾がけをしている光景が思わず目に浮かぶ。

内部には10本の丸柱が立っており、この柱が緩やかに内外を分けている。つまりこの建物の空間構成は、中心から外側に向かって、内室、入側、広縁という三重の入れ子になっている。

こうした多層構造の建築は仏教寺院などにも見られる。寺の本堂では、その中心にあたる内陣にご本尊が安置されているものだが、この講堂の内室に置かれているのは、素読のときに使う書見台だけだ。皮をむいていくと最後には何もなくなってしまうタマネギのような建築なのだ。

◆反復する入れ子構造

講堂の広縁に腰を下ろして庭を眺めていると、入れ子状の構造は、建物の外側に広がるランドスケープでも共通していることに気付く。

講堂の外側には石塀という囲いがあり、そのさらに外側には、盆地を囲む山々がある。つまり、閑谷学校は、建物のインテリアから周囲の地形に及ぶ5重の囲いで出来上がっているのだ。

しかも、それぞれのゾーンを区切っている囲いは、仕切りが緩やかである。内室と入側の間には建具があるわけではなく、床は同じレベルで連続している。また入側と広縁の間も、障子を開け放てば、視線は外の庭へと抜けていく。

そして、石塀も厚みはあるが高さは低くて、外側の山を借景として取り込んでいる。このような開放的な多重の入れ子構造が、この建築の最大の特徴といってよいだろう。

学生たちはこの学校で学びながら、この多重的な空間構成を頭の中で広げていって、山の向こうにある日本、さらには日本の外にある世界のことを思い描いていたのではないか。

ちなみに閑谷学校は、時代が明治に改まると閉校するが、ほどなくして閑谷黌《こう》として再開。そこからは、童謡「赤とんぼ」の作詞者である三木露風、自然主義文学の正宗白鳥、西洋絵画を収集して大原美術館の開館も果たした実業家の大原孫三郎らが出ている。閑谷学校の建築が、彼らを育んだのである。

column

加藤清正

1562～1611年

戦術も建築も合理的

城づくりの名人とされる戦国大名がいる。黒田官兵衛や藤堂高虎と並んで、必ず挙がるのが加藤清正だ。

羽柴秀吉の家臣として賤ケ岳の戦いなどで武勲を上げ、肥後国（熊本県）の領主となる。文禄・慶長の役では朝鮮に出兵。その派兵拠点となった名護屋城の建設では、普請奉行として、これにあたる。

熊本では1601年に茶臼山で熊本城を着工、6年をかけて完成させた。坪井川を天然の濠として利用した壮大な城で、特に独特のカーブを描く石垣は見事なもの。これには朝鮮で見聞した大陸の建設技術が採り入れられているとも言われる。

清正の築城術は高く評価され、江戸城や名古屋城の石垣普請にも参加した。それだけでなく土木工事、特に治水に関しても天才的な才能を発揮する。

馬場楠井出の用水路では、阿蘇の火山灰を排出するために、底部に穴の開いた堰を並べる「鼻ぐり」という仕組みを採用。白川や緑川では、水の勢いを和らげる石刎《いしばね》と呼ばれる構造を設けて、洪水の被害を減じている。

清正といえば虎退治のエピソードが有名で、そこから豪快な性格に思われがちだが、鉄砲を重視する戦法を早くから用いるなど、新しい技術を採り入れるのに積極的で、合理性を重んじた武将でもあった。そのセンスが建築や土木といった工学の分野にも発揮されたのだろう。

Part. 4

四国 九州 沖縄

北内郭。右奥が主祭殿

22

先史時代

じっくりと見たい

吉野ケ里遺跡

佐賀県吉野ケ里町
弥生時代前期〜後期

日本に稲作が広まったとされる弥生時代。吉野ケ里遺跡は弥生時代の遺跡としては日本最大だ。当時の「クニ」の中心的な集落のつくりや、弥生時代600年間の移り変わりを知ることができる。

見所は変化に富んだ建物配置。復元された建物の本気度もすごい。「たかが住居跡」となめてかかると、度肝を抜かれる。

櫓《やぐら》から見えた「都市」

ＪＲ長崎本線を吉野ケ里公園駅で降りる。吉野ケ里遺跡へ来るのは今回が初めてだ。人里から離れた野山を想像していたが、田畑と家屋が混じり合う、ありふれた郊外の風景の中にあったのは、少し意外であった。

この地に遺跡があることは古くから知られていた。しかし、吉野ケ里遺跡の存在が広く一般の人々に知れわたったのは、１９８０年代末のことだ。付近一帯が工業団地として開発さ

指定 特別史跡
建設時期 紀元前3世紀～紀元3世紀後半（弥生時代前期～後期）
設計者 不詳

- 9：00～17：00（夏季は18：00まで）。12月31日、1月の第3木曜日とその翌日は休み
- 大人460円
- 北内郭の主祭殿は南北軸を向く
- 佐賀県神埼郡吉野ケ里町田手1843
- JR吉野ケ里公園駅から徒歩約15分。JR神埼駅から徒歩約15分

れることになり、それに先立って埋蔵文化財の発掘調査を行うと、弥生時代の大規模な環濠集落（周囲に堀をめぐらせた集落）があったことが分かった。

柱の跡などから想定された集落の様子が、魏志倭人伝に描写された卑弥呼のクニ（古代史ではクニ、ムラといった表記が一般的）に似ていたことから、「ここここそが邪馬台国」との説も出て、大きな話題を呼んだ。

遺跡は地元の要請もあって国が定める特別史跡となり、国営吉野ケ里歴史公園として整備されることになった。現在も北側の一画では発掘が続いており、調査が終わったところは集落が復元され一般に公開されている。そこが今回の取材地だ。

◆中世の城塞都市のよう

駅から歩くこと15分ほどで公園のエントランスに到着する。ここには展示室やレストランが入っているゲート施設があり、そこで入場券を買って、園内へと入る。ゲート施設の設計者は菊竹清訓。ちなみに吉野ケ里遺跡一帯の敷地は、もとは菊竹家の土地だったという。

橋を渡って、遺跡のゾーンに入る。まずは北内郭《ないかく》へ。ここは吉野ケ里を含む周辺のクニを

「遺跡」、「復元」と聞いて、博物館のジオラマみたいなものを想像していた。が、実際は大違い。
そこにあるのは、圧倒的な迫力の「本物の建築」だった。
吉野ヶ里
吉野ヶ
うわっ、なんじゃこりゃ
入り口で貸してくれる山笠着用
建物の復元は、現代建築にもかかわりの深い大工棟梁の田中文男が中心になって進めたと聞けば、それもうなずける。
FUMIO-TANAKA "DAIFUMI" 1932-2010
特に、北内郭《ないかく》の主祭殿は、まるでメタボリズムのような巨大ピロティ建築。かっこよすぎる！
スカイハウス？
江戸東京博物館？
でも、本当にこんなにかっこよかったので
田中自身、「柱穴は建物の規模を示すが、矩計《かなばかり》など上部構造への手掛かりは皆無」だった、と書いている。
上物は全く違う形だった可能性も否定できないわけだ。うーん…。

統括する〝連邦政府〟のような機能を担ったと考えられている。3階建ての主祭殿には各クニの代表者たちが集まり、神がかりの能力をもった司祭の声を伝えていたという。

主祭殿のほかに高床式の住居や倉庫などがあり、それを二重の環濠と二重の木柵が囲んでいる。面白いのは物見櫓で、環濠から突き出すような形で立っている。まるで中世ヨーロッパの城塞都市を思い起こさせるデザインだ。

続いて向かったのは南内郭。ここは支配者層が住んでいたエリアとされ、環濠と木柵で囲まれた中に、竪穴住居と物見櫓がある。建物がない中央部は、人々が集まる広場だったのだろうか。

その東側には「倉と市」のエリアがある。ここでは海外も含む各地の特産品を集めて、市が催されたとされる。

そのほか、内部を展示室にしている墳丘墓や、一般の人々が暮らしていたムラのエリアがいくつかある。

園内はとにかく広い。そして楽しい。地形と人工の空濠からなるランドスケープの面白さもあるが、それに加えて復元された建物が巧みなバランスや向きで配置され、群造形として

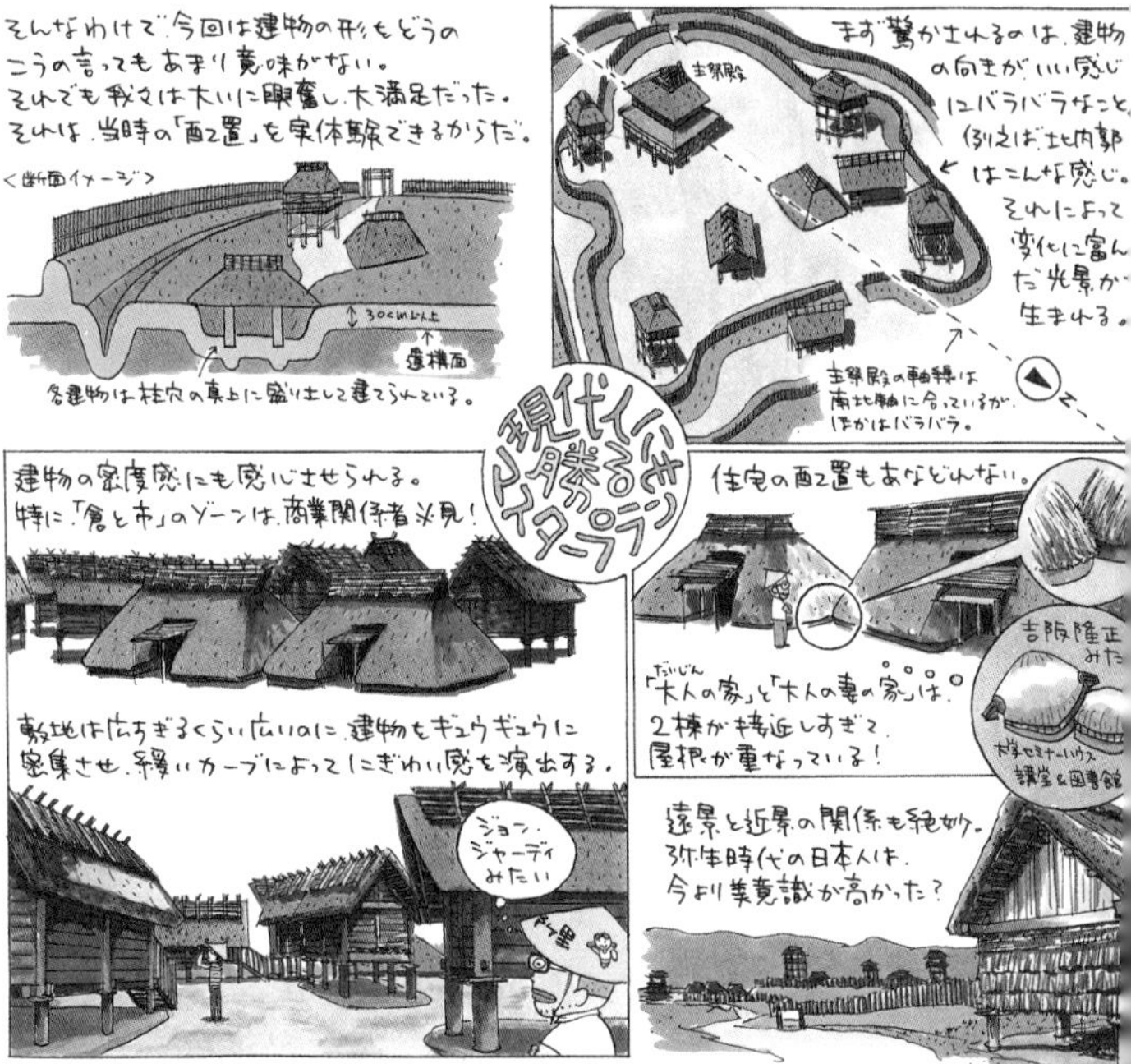
そんなわけで、今回は建物の形もどうの
こうの言ってもあまり意味がない。
それでも我々は大いに興奮し、大満足だった。
それは、当時の「配置」を実体験できるからだ。
<断面イメージ>
30cm以上
遺構面
各建物は柱穴の真上に盛り土して建てられている。
主祭殿
まず驚かされるのは、建物
の向きがいい感じ
にバラバラなこと。
例えば北内郭
はこんな感じ。
それによって
変化に富ん
だ光景が
生まれる。
主祭殿の軸線は
南北軸に合っているが、
ほかはバラバラ。
N
現代人にも勝るマスタープラン
建物の密度感にも感じさせられる。
特に「倉と市」のゾーンは、商業関係者必見!
敷地は広すぎるくらい広いのに、建物をギュウギュウに
密集させ、緩いカーブによってにぎわい感を演出する。
ジョン・ジャーディみたい
住宅の配置もあなどれない。
「大人《だいじん》の家」と「大人の妻の家」は、
2棟が接近しすぎて
屋根が重なっている!
大学セミナーハウス
講堂&図書館
遠景と近景の関係も絶妙。
弥生時代の日本人は、
今より美意識が高かった?

の美しさを生み出している。

特に、高床の倉庫群が軒を接しながら微妙なカーブを描いて並んでいる「倉と市」のエリアでは、古都の町並みを目にしたときの心地良さと似たものを感じる。この手法は、現代のショッピングモールの設計にも採り入れられているものだ。

これは「都市」としての美しさではないか。

◆都市はここから始まった？

「弥生都市」。それは1990年代の考古学界でも、議論のテーマとなっていた。吉野ケ里遺跡や、それに続く池上曽根遺跡（大阪府和泉市）の発掘により、人が集まり建物が立ち並ぶ大規模な集落が存在したことが明らかになって、「弥生時代に都市があったことを示す」との声が挙がったのである。

それまでは、日本最古の本格的な都市といえば、7世紀の藤原京ということになっていたので、それをはるかに遡る都市の始まりということになる。この説に対しては「都市といえるほどのものはなかった」との反論が出て、現在では、後者の説の方が主流のようである。

しかし、復元された建物群を見ると、都市らしさの萌芽は確かにあったように思われる。そして、それを美しくつくりたいというデザイナーの意志も、そこにはあった。

現代から見ての勝手な解釈だと批判されるだろうか。あるいは、著名な大工棟梁の故・田中文男ら、建物復元に関わった建築専門家が、設計のセンスを発揮しすぎたのだとの反論もあり得るだろう。しかし吉野ケ里を歩き回った実感として、そこに都市デザインの端緒があったと仮定してみたいのである。

きっかけはおそらく、物見櫓だろう。ムラを襲おうとする侵入者や、周囲の丘から上がるのろしを見張るために物見櫓に登った弥生人は、柵の外を監視している最中にふと自分のムラに目をやった。その瞬間に彼は、ムラが1つの形をもっていることを意識する。そしてこれを繰り返し見るうちに、どうせならそれを美しくつくってみたいものだという欲望が芽生えた――。日本の歴史における都市デザインは、そんなふうにして始まったのではないか。

物見櫓に上がって吉野ケ里の風景をずっと眺めているうちに、そんな確信的な妄想を抱いたのであった。

北側から主郭方向を見る

鎌倉時代

今帰仁城跡

ちらりとでも見たい

23

沖縄県今帰仁村

13世紀

世界遺産に登録されたグスク（城）の1つで、
沖縄本島北部の本部半島にある。
13世紀、本島が北山《ほくざん》、中山《ちゅうざん》、南山《なんざん》の3つに
分割支配されていた時代（三山時代）に、
北山の城として築造が始まったと考えられている。
1416年に中山軍によって落城。
さらに1609年に薩摩軍の侵攻で城は炎上。
それでも、今も残る石垣の造形は圧巻。

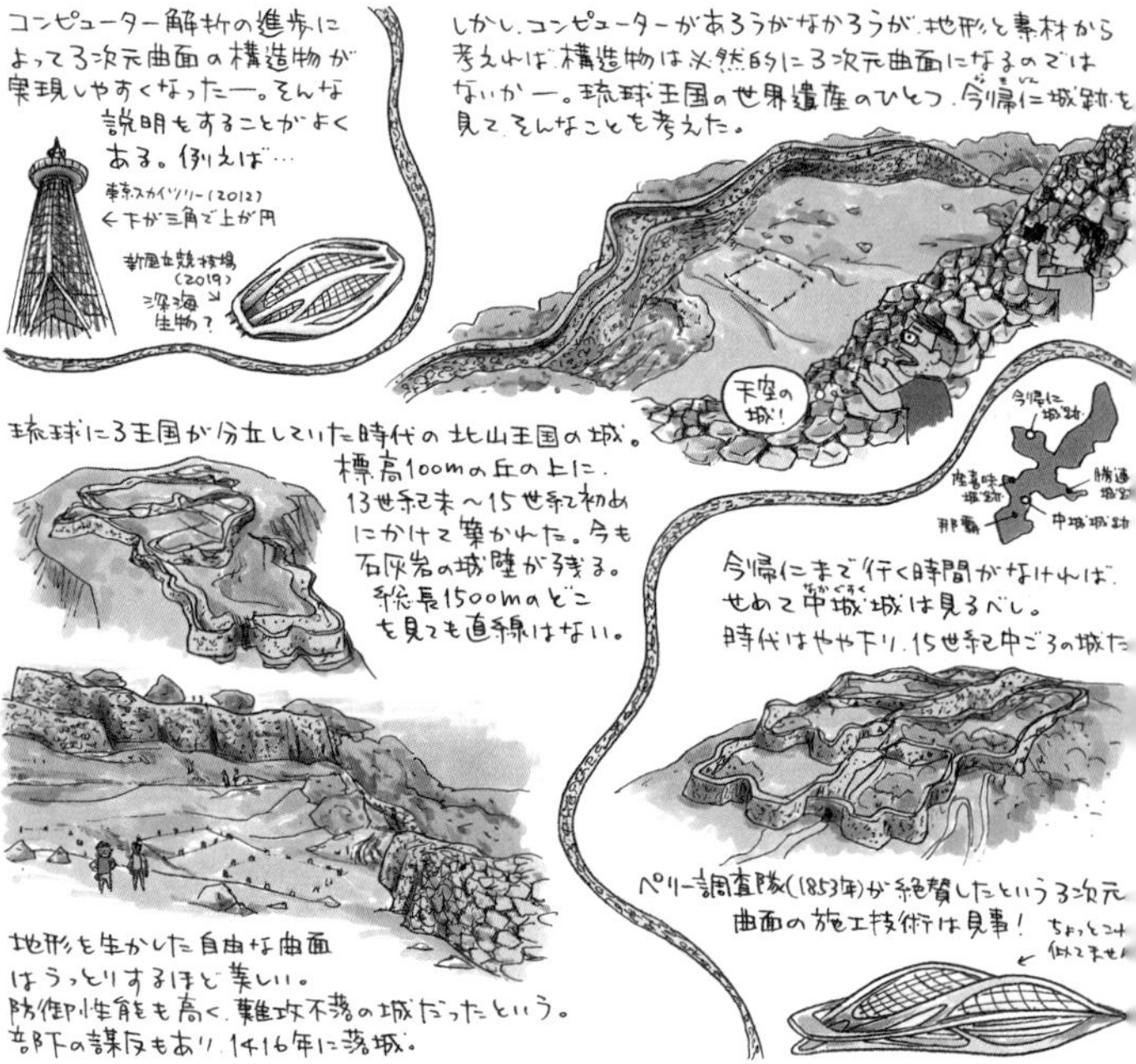
コンピューター解析の進歩によって3次元曲面の構造物が実現しやすくなった―。そんな説明をすることがよくある。例えば…
東京スカイツリー(2012)
←下が三角で上が円
新国立競技場(2019)
深海生物?
しかし、コンピューターがあろうがなかろうが、地形と素材から考えれば、構造物は必然的に3次元曲面になるのではないか―。琉球王国の世界遺産のひとつ、今帰仁《なきじん》城跡を見て、そんなことを考えた。
天空の城!
琉球に3王国が分立していた時代の北山王国の城。
標高100mの丘の上に、13世紀末～15世紀初めにかけて築かれた。今も石灰岩の城壁が残る。総長1500mのどこを見ても直線はない。
今帰仁城跡
座喜味城跡
勝連城跡
那覇
中城城跡
今帰仁にまで行く時間がなければ、せめて中城《なかぐすく》城は見るべし。
時代はやや下り、15世紀中ごろの城だ。
地形を生かした自由な曲面はうっとりするほど美しい。
防御性能も高く、難攻不落の城だったという。
部下の謀反もあり、1416年に落城。
ペリー調査隊(1853年)が絶賛したという3次元曲面の施工技術は見事!
ちょっとこれ似てませ

「新国立」もしのぐ3次元造形

沖縄美ら海水族館
古宇利島
今帰仁城跡
熱帯ドリームセンター
今帰仁村中央公民館
449
505
本部町役場
屋我地島
瀬底島
八重岳
本部循環線
ネオパークオキナワ
58
名護市役所
名護東道路
名護湾
58
0
4km

指定 世界遺産(琉球王国のグスクおよび関連遺産群)

建設時期 13世紀

設計者 不詳

- 8：00～18：00　無休
- 大人400円
- 主郭は大庭からみて南東の方向。早咲きの桜の名所でもある
- 沖縄県国頭郡今帰仁村字今泊5101
- 那覇市から車で約1時間30分。名護バスターミナルからバスで今帰仁城趾入口下車、徒歩15分

天守を背景に西側から見る

24

桃山時代

ちらりとでも見たい

熊本城宇土櫓

熊本市
安土桃山時代

本丸の西北隅、20mの高石垣の上に建つ
3層5階・地下1階、地上約19mの櫓《やぐら》。
名前の由来は、宇土《うと》の小西行長が関ケ原で滅んだ後、
加藤清正が小西の家臣を召し抱え、
宇土小路に住まわせて
彼らに櫓を管理させたことによるといわれる。
かつては宇土城天守閣を移築したとの説もあったが、
現在は否定されている。

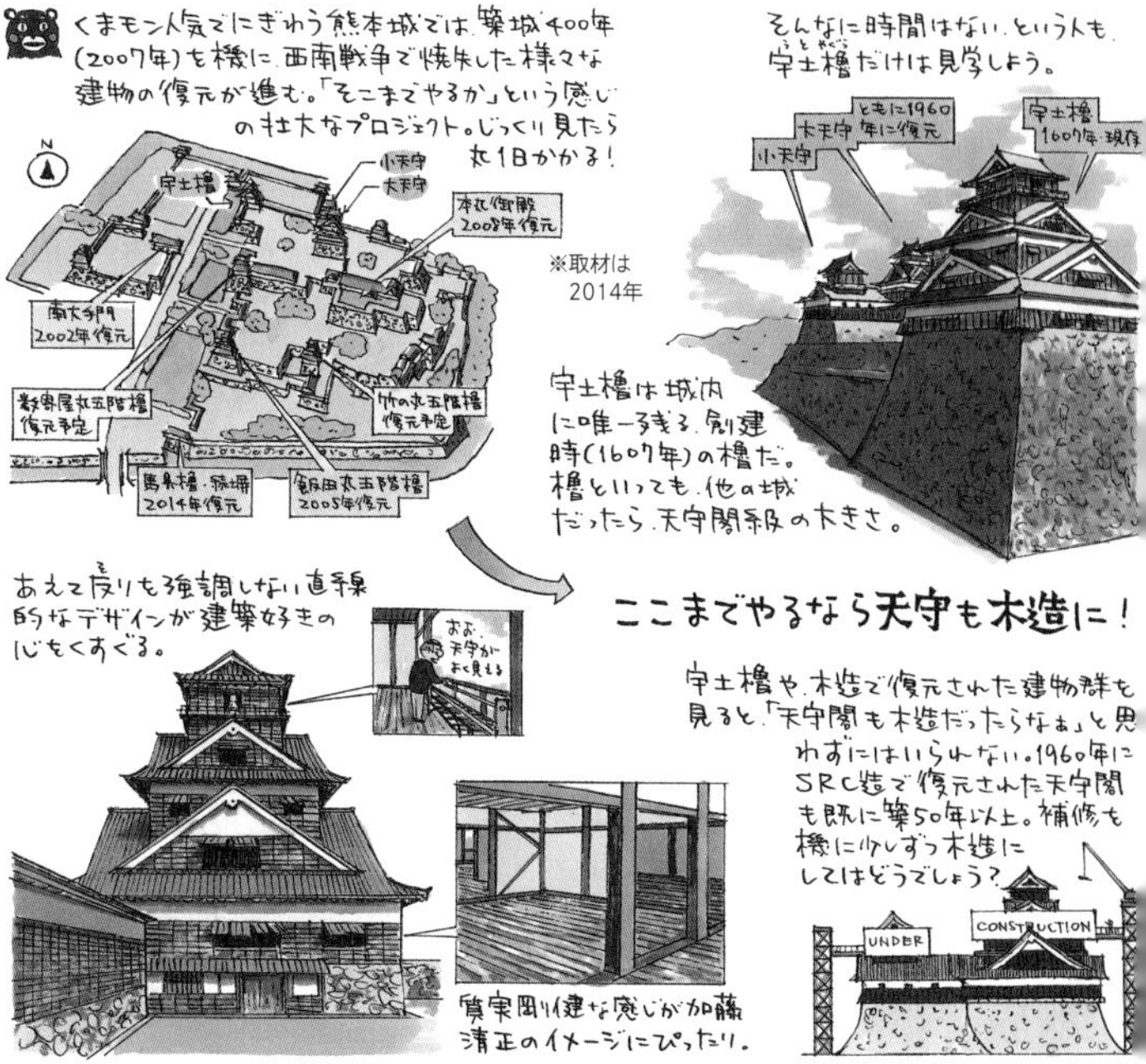
くまモン人気でにぎわう熊本城では築城400年(2007年)を機に西南戦争で焼失した様々な建物の復元が進む。「そこまでやるか」という感じの壮大なプロジェクト。じっくり見たら丸1日かかる!
N
宇土櫓
小天守
大天守
本丸御殿 2008年復元
※取材は 2014年
南大手門 2002年復元
数寄屋丸五階櫓 復元予定
竹の丸五階櫓 復元予定
馬具櫓・続塀 2014年復元
飯田丸五階櫓 2005年復元
そんなに時間はない、という人も、宇土《うと》櫓《やぐら》だけは見学しよう。
小天守
大天守
ともに1960年に復元
宇土櫓 1607年・現存
宇土櫓は城内に唯一残る、創建時(1607年)の櫓だ。櫓といっても、他の城だったら天守閣級の大きさ。
あえて反《そ》りも強調しない直線的なデザインが建築好きの心をくすぐる。
おお、天守がよく見える
ここまでやるなら天守も木造に!
宇土櫓や、木造で復元された建物群を見ると、「天守閣も木造だったらなぁ」と思わずにはいられない。1960年にSRC造で復元された天守閣も既に築50年以上。補修を機に少しずつ木造にしてはどうでしょう?
UNDER
CONSTRUCTION
質実剛健な感じが加藤清正のイメージにぴったり。

男気漂う直線デザイン

杉塘駅
坪井川
熊本県立美術館
JR九州新幹線・鹿児島本線
段山町駅
熊本城宇土櫓
熊本城天守
熊本城公園
通町筋駅
蔚山町駅
熊本城・市役所前駅
熊本市電
洗馬橋駅
サクラマチクマモト
花畑町駅
新町駅
辛島町駅
西辛島町駅
0 300m
至熊本駅

指定 重要文化財

建設時期 1607年

設計者 不詳

9：00～17：00
※2016年の地震による
復旧工事のため立入規制中
(2020年9月現在)

天守閣を背後に入れるなら西側から

熊本市中央区本丸1-1

サクラマチクマモトから徒歩5分。
熊本城・市役所前電停から徒歩3分

北西側から見下ろす。手前は豚を飼う「フール」

25

江戸時代

じっくりと見たい

中村家住宅

沖縄県北中城村
18世紀中ごろ

地頭職（本土でいう庄屋）である中村家の住居として、18世紀中ごろに建てられた。本島内でこのように戦前の屋敷構えがそっくり残っている例は少ない。建築形式は鎌倉時代や室町時代の日本建築の流れを想起させつつも、沖縄の気候に適応させた独特のつくりとなっている。

バリアーに守られた家

沖縄を代表する民家である中村家住宅を訪ねた。場所は那覇市の中心部から車で北へ30分ほど。世界遺産に指定された沖縄のグスク（城）の1つ、中城《なかぐすく》城跡がある北中城村にこの建物はある。この地域の地頭職（庄屋にあたる役職）を務めた中村家が、18世紀中ごろに建てたものだ。

敷地は防風林の役目を果たすフクギに囲まれている。中庭を囲んで、奥に見えるのが母

指定 重要文化財
建設時期 18世紀中頃
設計者 不詳

- 9：00〜17：30　無休（※2020年9月時点では当面の間10：00〜15：00、土日のみ営業）
- 大人500円
- 中庭は南側
- 沖縄県中頭郡北中城村字大城106
- 那覇市内から車で約35分。沖縄自動車道那覇ICから約15分。北中城ICから約7分

屋、左手が高倉、右手が離れ（アシャギ）である。

屋根は赤瓦でふかれている。隙間を埋める白いしっくいとの対比で、瓦の赤がより鮮やかに見える。屋根の中央にはシーサーが載っている。

沖縄産の粘土を焼いた赤瓦は、現在では住宅から公共建築まで、いろいろな建物で使われている。しかし明治の半ばまでは、王宮など位の高い建物でしか使用が許されていなかった。この建物も当初は茅ぶきであったという。

母屋や離れの柱梁に使われているのは、シロアリに強いチャーギ（イヌマキ）という木だ。民家といえば、まず太い柱梁をイメージしてしまうが、この住宅は明らかに違う。柱や梁が細身なのだ。

そうなっているのには理由がある。沖縄では真っすぐ育つ木が少なく、建築用の大きな材がなかなか取れないのである。けれどもその細い木材が現代性を感じさせる空間をつくり上げているのだから、建築というものは面白い。

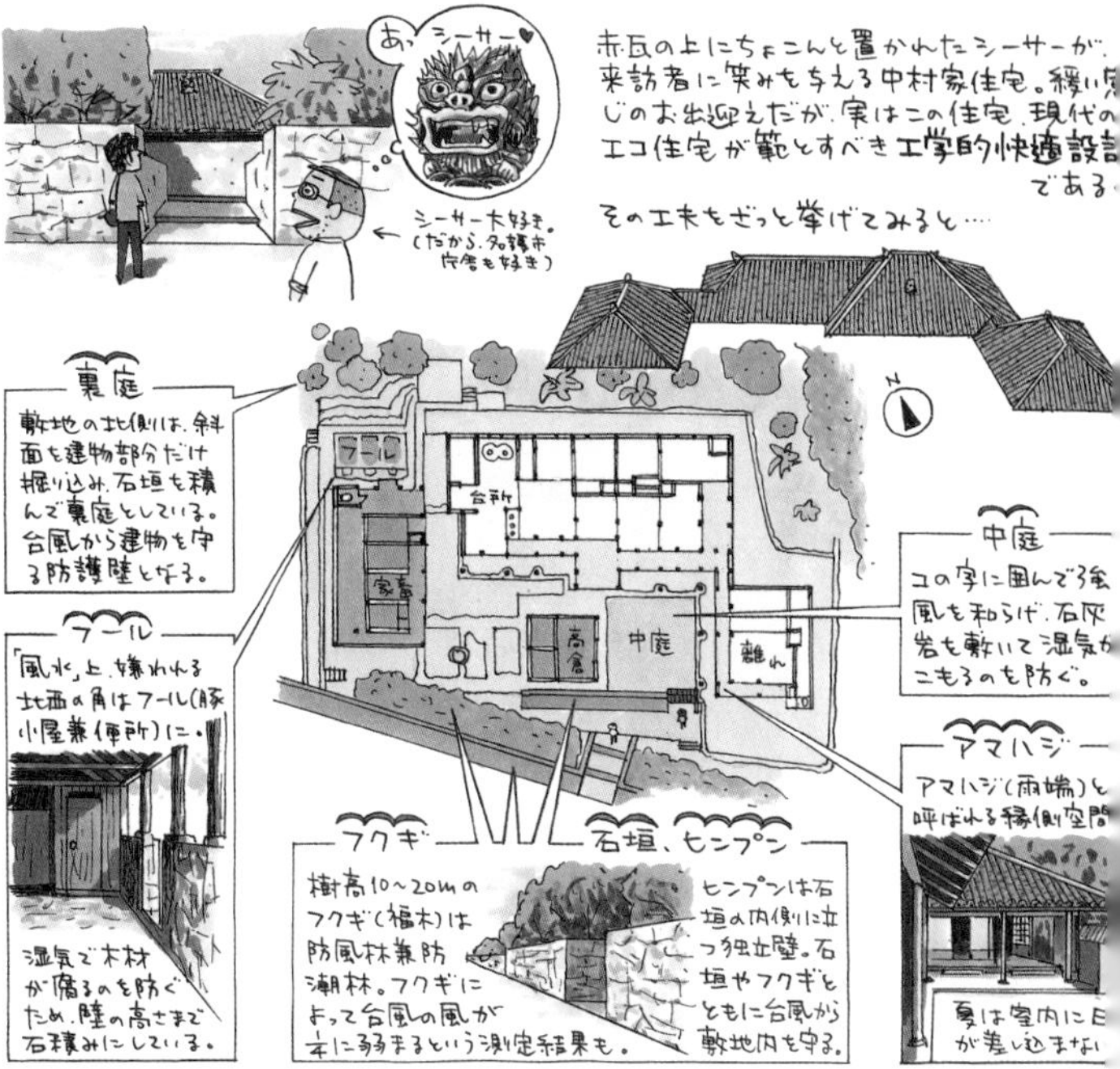
あっシーサー♥
シーサー大好き。(だから、那覇市庁舎も好き)
赤瓦の上にちょこんと置かれたシーサーが、来訪者に笑みを与える中村家住宅。緩い感
じのお出迎えだが、実はこの住宅、現代の
エコ住宅が範とすべき工学的快適設計
である。
その工夫をざっと挙げてみると…
N
裏庭
敷地の北側は、斜面を建物部分だけ掘り込み、石垣を積んで裏庭としている。台風から建物を守る防護壁となる。
フール
「風水」上、嫌われる北西の角はフール(豚小屋兼便所)に。
湿気で木材が腐るのを防ぐため、壁の高さまで石積みにしている。
フール
台所
家畜
高倉
中庭
離れ
門
中庭
コの字に囲んで強
風を和らげ、石灰
岩を敷いて湿気が
こもるのを防ぐ。
アマハジ
アマハジ(雨端)と
呼ばれる縁側空間
夏は室内に日
が差し込まない
フクギ
樹高10〜20mのフクギ(福木)は防風林兼防潮林。フクギによって台風の風が半分に弱まるという測定結果も。
石垣、ヒンプン
ヒンプンは石垣の内側に立つ独立壁。石垣やフクギとともに台風から敷地内を守る。

◆小屋裏換気で10℃も涼しい

この住宅で感心するのは、涼しく住むための工夫が随所に凝らされていることだ。例えば、屋根のふき方。丸瓦と平瓦を組み合わせた本瓦ぶきで、それ自体は本土の建物でも見ることができるものだが、本土の丸瓦が高さ65㎜程度なのに対し、沖縄のそれは100㎜以上もある。まず、この丸瓦の高さが、平瓦部の温度上昇を抑えている。

また、屋根をよく見ると、棟部にわずかな出っ張りが並んでいる。これは空気抜きの穴（クウキミー）で、軒先や床の間にある隙間から入る空気によって、小屋裏換気を行っている。

実際、中村家の小屋裏で温度を測ると、沖縄で広く普及しているセメント瓦の屋根と比べて、最高で10℃以上も涼しいという（木下光ほか著『中村家住宅のひみつ』2013年、遊文舎）。

外部空間のつくり方も興味深い。道（スージ）と敷地を隔てているのは、堂々たる琉球石灰岩の石垣だ。沖縄海洋博沖縄館（1975年、現存せず）などの設計に関わり、沖縄らしい現代建築を追求した建築家、金城信吉は沖縄の民家についてこんなことを書いている。「石垣は建築の一部である。石垣は重厚な壁であり、スージは廊下である」（「新建築」

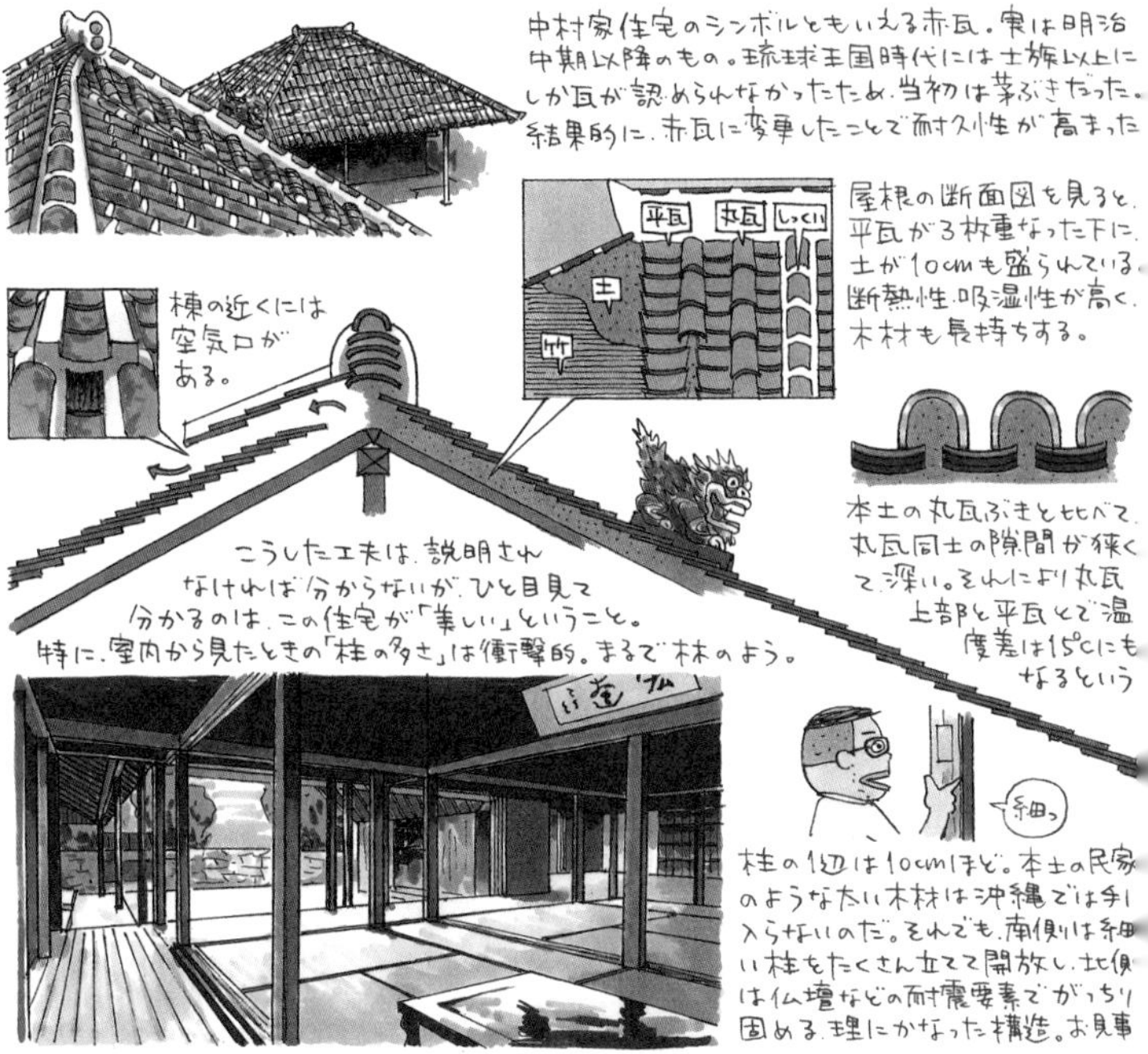
中村家住宅のシンボルともいえる赤瓦。実は明治中期以降のもの。琉球王国時代には士族以上にしか瓦が認められなかったため、当初は茅ぶきだった。結果的に、赤瓦に変更したことで耐久性が高まった
平瓦
丸瓦
しっくい
土
竹
屋根の断面図を見ると、平瓦が3枚重なった下に、土が10cmも盛られている。断熱性、吸湿性が高く、木材も長持ちする。
棟の近くには空気口がある。
本土の丸瓦ぶきと比べて、丸瓦同士の隙間が狭くて深い。それにより丸瓦上部と平瓦とで温度差は15℃にもなるという
こうした工夫は、説明されなければ分からないが、ひと目見て分かるのは、この住宅が「美しい」ということ。特に、室内から見たときの「柱の多さ」は衝撃的。まるで林のよう。
細っ
柱の1辺は10cmほど。本土の民家のような太い木材は沖縄では手に入らないのだ。それでも、南側は細い柱をたくさん立てて開放し、北側は仏壇などの耐震要素でがっちり固める。理にかなった構造。お見事

1975年9月号の「沖縄の空間」）

石垣によって家の中に居る人のプライバシーが守られるからこそ、建物自体を開放的にして、風が吹き抜ける家を実現できた。金城はそう説明している。そういえば、金城が設計に関わった那覇市民会館（1970年）にも、入り口の前に石垣が建っていたなあ、と思い出す。

◆動線を曲げる「ヒンプン」

中村家住宅の石垣は途中で切れ、そこが入り口となる。その間を進んでいくと、正面にはまた壁が現れる。これがヒンプンだ。沖縄の古い家には必ずあり、素材は板張りや生け垣のこともある。

ヒンプンは道を歩く人から建物の中を見えなくする目隠しの役割を果たし、同時に、台風の時に吹く強い風が建物に当たるのを防いでいると説明される。

しかし、それはあくまでも機能面の解説であって、元来は風水の考え方によるものである。沖縄では、その家に起こる災厄は外からやってくる悪鬼が起こすと捉えられており、その悪鬼はまっすぐにしか進めない。ヒンプンは、動線を曲げることで、災厄を防ぐバリアーとなっているのだ。

中村家住宅では、それが動線を分ける機能も果たしており、右側を回ると母屋や離れがある中庭へ、左を回ると台所や家畜小屋がある井戸の側に出る。かつては建物に入る際、男性はヒンプンの右側、女性は左側を通る、という決まりもあったらしい。

ヒンプンの形態としての特徴は、独立した1枚の壁として立っていることだ。日本の伝統建築は基本的に柱と梁で構成される建築であり、壁があっても真壁なので、それ自体が独立して立っているというものは少ない。独立壁のヒンプンは、日本の伝統建築の流れのなかで、異色の手法と言える。

現代の建築ではどうか。すぐに思い浮かんだのは安藤忠雄の建築だ。例えば、水の教会（1988年）や本福寺水御堂（1991年）を訪れた人なら分かるはずだ。入り口の前にはコンクリート打ち放しの壁が立ちはだかっていて、建物にたどり着くには、壁に沿ってぐるっと遠回りをさせられる。これではどんな悪鬼だって侵入は不可能だろう。

沖縄の民家に見られるヒンプンと、安藤建築との共通性。そんなところに着目することで、この中村家住宅がさらに現代的なデザインに見えてくるのであった。

北東から見た正面外観

26

江戸時代

じっくりと見たい

旧金毘羅大芝居

香川県琴平町
江戸時代末期

江戸時代に広まった「こんぴら詣で」。
その娯楽の1つとして建設された常設の芝居小屋。
当初は現代の宝くじにあたる
「富籤《とみくじ》」の開札場も兼ねていた。
現存する芝居小屋では日本最古。1972年から
4年の歳月をかけ現在地に移築復元した。
現在も毎年春に、
歌舞伎興行が行われ、春の風物詩となっている。

現世と虚構の二重空間

この本で取り上げた場所を振り返ると、中世までの建物はほとんどが寺か神社だった。それが近世に入ると、住宅、城、学校など、いろいろな用途の建物が登場してくる。今回、取り上げるのも、劇場という新しいビルディングタイプだ。

所在地は「こんぴらさん」として親しまれている金刀比羅宮の門前町。長い石段を上り始める手前で左へそれて、しばらく進むと建物が見えてくる。現存する日本最古の劇場、旧金

指定　重要文化財
建設時期　1835年
設計者　不詳

9：00〜17：00　無休
大人500円
正面は北東向き
香川県仲多度郡琴平町乙1241
JR琴平駅から徒歩20分。
善通寺ICから車で約10分

毘羅大芝居である。

この町に常設の芝居小屋が建てられたのは1835年。その2年後には大塩平八郎の乱が起こるから、騒然とした幕末に突入する直前の時代であった。

古い芝居小屋といえば、秋田県小坂町の康楽館、愛媛県内子町の内子座、熊本県山鹿市の八千代座などが知られるが、いずれも明治期以降に建てられたもの。江戸期に創建した本格的な劇場はここだけである。

のぼり旗に誘われるようにして正面の入り口へ。見上げると役者名を記した額がずらりと並び、その上には、櫓《やぐら》が組まれている。東京の歌舞伎座にも同じものがあるが、ここには上演日に幕が張られる。もともとはこの上で客寄せの太鼓を打ち鳴らしていた。

入り口は上半身をかがませてくぐる鼠木戸《ねずみ》。無料で見ようとするふらちなやからを止めるための工夫だという。武士など位の高い人が使う入り口は、脇に別に設けられている。

◆一時期は映画館として使われる

履物を脱いで、中へと入ろう。現代の劇場に見られるようなゆったりとしたホワイエはな

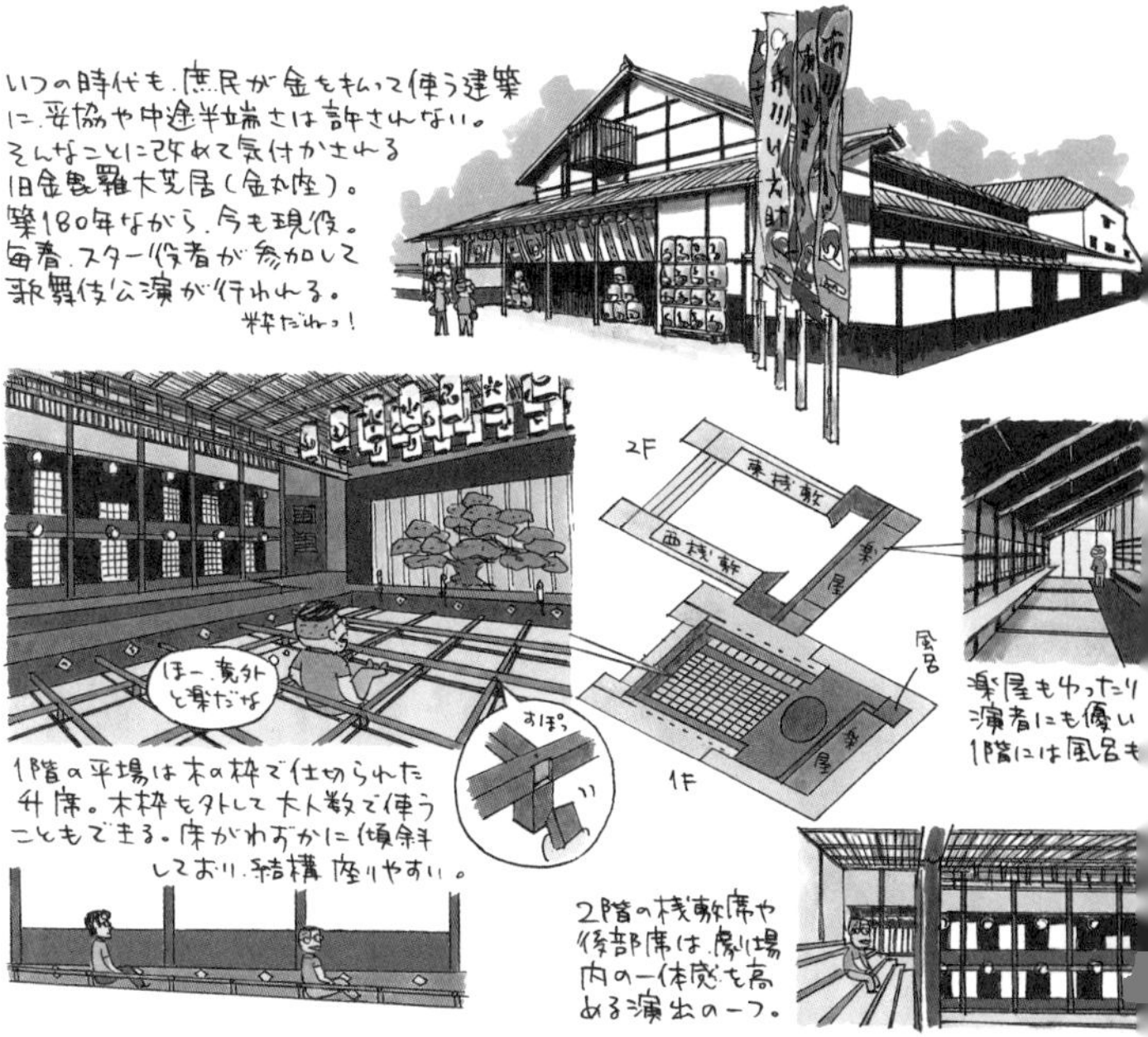
いつの時代も、庶民が金を払って使う建築に、妥協や中途半端さは許されない。
そんなことに改めて気付かされる旧金毘羅大芝居（金丸座）。
築180年ながら、今も現役。
毎春、スター役者が参加して歌舞伎公演が行われる。
粋だねっ！
ほー、意外と楽だな
すぽっ
1階の平場は木の枠で仕切られた升席。木枠を外して大人数で使うこともできる。床がわずかに傾斜しており、結構座りやすい。
2F
東桟敷
西桟敷
楽屋
風呂
楽屋
1F
楽屋もゆったり
演者にも優しい
1階には風呂も
2階の桟敷席や後部席は、劇場内の一体感を高める演出の一つ。

劇場とは庶民の快楽を追求するモダニズム建築である

い。下足預かりの場所を過ぎると、そこはもう客席である。

大空間の中央を占めるのは、ゴザ敷きの床を縦横に区切った升席である。目を凝らすと、床が舞台に向かってわずかに傾斜しているのが分かる。両脇には桟敷席があり、背後を含めた三方には2階席もある。そして後方から正面の舞台に向かって、花道と仮花道が延びる。

舞台下には、人力で動かす廻《まわ》り舞台やセリがある。また花道の下にも、「すっぽん」や「空井戸」といったセリの一種が設けられている。こうした演出機構によって、観客は役者が消えたかと思ったら別のところから現れたりするのを楽しんだ。今で言えば、特撮映画を見るような感じだろうか。

◆小屋組みを鉄骨で補強

江戸期の芝居小屋が設備、空間とも手つかずのまま残っているように見えるが、実は今の状態になるまでには大きな変転があった。

江戸時代は金刀比羅宮への参詣客でにぎわっていた芝居小屋だが、明治期以降は所有者が次々と替わり、改造も繰り返されていた。昭和の初めには升席が椅子席に変えられ、

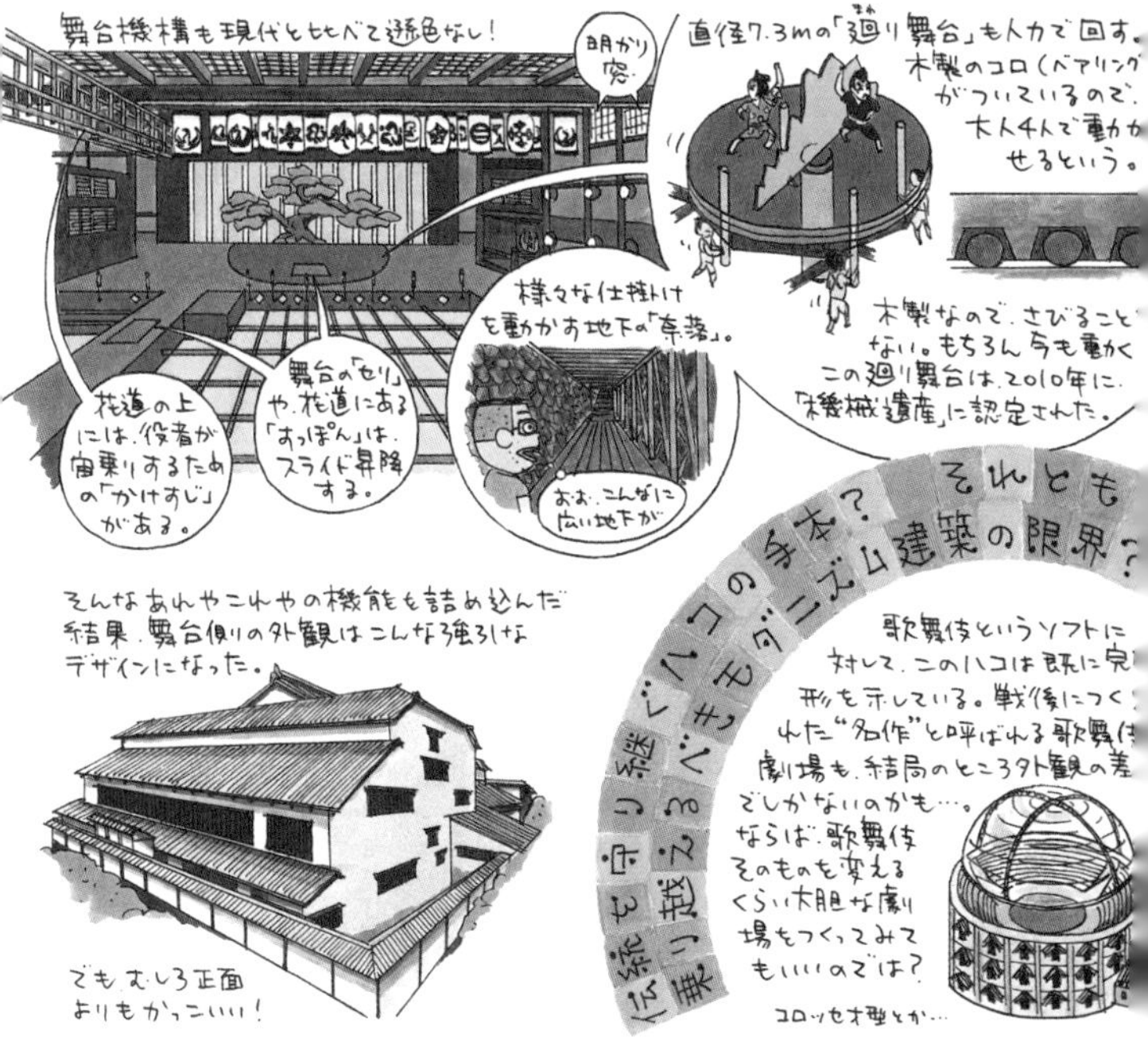
舞台機構も現代と比べて遜色なし！

明かり窓
花道の上には、役者が宙乗りするための「かけすじ」がある。

舞台の「セリ」や、花道にある「すっぽん」は、スライド昇降する。

様々な仕掛けを動かす地下の「奈落」。

おお、こんなに広い地下が
直径7.3mの「廻《まわ》り舞台」も人力で回す。木製のコロ（ベアリング）がついているので、大人4人で動かせるという。

木製なので、さびることがない。もちろん今も動く。この廻り舞台は、2010年に「機械遺産」に認定された。

そんなあれやこれやの機能も詰め込んだ結果、舞台側の外観はこんな強ろしなデザインになった。

でもむしろ正面よりもかっこいい！

伝統を守り続けるハコの手本？ それとも
乗り越えるべきモダニズム建築の限界？

歌舞伎というソフトに対して、このハコは既に完成形を示している。戦後につくられた“名作”と呼ばれる歌舞伎劇場も、結局のところ外観の差でしかないのかも…。

ならば、歌舞伎そのものを変えるくらい大胆な劇場をつくってみてもいいのでは？

コロッセオ型とか…

1939年からは映画館として使われていた。60年には映画館も営業を停止。建物も荒れ果てて、県の重要文化財指定も解除されてしまうありさまだった。

しかし、この建物の価値を重く見る地元の人たちや、演劇関係者、建築関係者の働きかけによって、保存への動きが高まり、1970年には国の重要文化財に。そして1972年、町の中心部から現在の敷地へ移築して復元されることとなる。

ただしこの時は、客席の上に架かる大スパンの小屋組みが構造的にもたないとされ、4本の鉄柱が客席の中に据えられることになってしまった。再び改修されたのは2003年で、小屋内に鉄骨の補強部材を入れることによって余計な柱を撤去。客席に雪を降らせる「ぶどう棚」や、花道の上にある宙乗りのための「かけすじ」といった演出装置も復活した。

1985年以降は、東京から一流の歌舞伎役者がやって来て上演する興行も毎年、開催されている。解体消滅の危機を乗り越えて、日本各地から見物客が集まる人気の劇場となったのだ。

◆客席と舞台が交じり合う

ここで改めて、歌舞伎を上演する芝居小屋の特徴を考えてみよう。目に付くのはまず、花道の存在である。客席に舞台が強引に割り込んでいる。しかもそれが左右非対称な位置に通っているため、升席はグリッド状であるにもかかわらず、偏りのある不均質な場となっている。

これに対し、現在の一般的な劇場では、舞台と客席はきっちりと分かれている。しかも客席は左右対称。どの席からも同じように舞台がよく見えることが重視されている。そうした劇場では、客席の照明が落ちた瞬間から、観客は演劇の作品世界に没入することが求められる。余分なものは目に入ってこない。

一方、この芝居小屋で歌舞伎を見る観客は、作品世界を楽しみながらも、その世界に没入することはない。自然光の下で弁当を食べたり、桟敷席で観覧している有名人の顔をチラ見したり。

役者へ声をかける際も「成田屋!」。役柄ではなく、屋号で呼びかけるのだ。これもまた、観客が物語の中の世界に没入していない証左だろう。

江戸の芝居小屋が成立させていたのは、「現世」と「虚構」が二重に存在する空間だったのである。

南西側から見た外観（写真：グラバー園）

江戸時代

ちらりとでも見たい

旧グラバー住宅

27

長崎市
江戸時代末期

貿易商、トーマス・グラバー（1838〜1911年）が暮らした日本最古の木造洋風建築。1859年に21歳で来日したグラバーが、4年後に第1期を建てた。自ら設計を手掛け、施工は天草出身の棟梁・小山秀が担当した。グラバーの息子、倉場富三郎（実業家で水産学者）も、1939年に三菱重工業に売却するまで自宅として使用した。

グラバー邸といえば、明治維新に深く関わったトーマス・グラバーの活動拠点としてよく知られる。しかし、その建築的特徴について語られることは少ない。

この住宅「グラバー園」内に保存されている洋館のなかでも突出して面白い。まず、その外形。地上レベルからは全体像が分かりづらいが、上から見るとこんな形をしている。↓

温室

複雑

円弧状のテラスの上に、湾曲する格子の天井が放射状に広がる。その円弧状テラスが温室を挟んで連続する。う〜む、こんな複雑な形、どうやって考えたのかなあ。

建設プロセスを知って「なるほど」と思った。この住宅は段階的に増築されて今の形になったのだ。

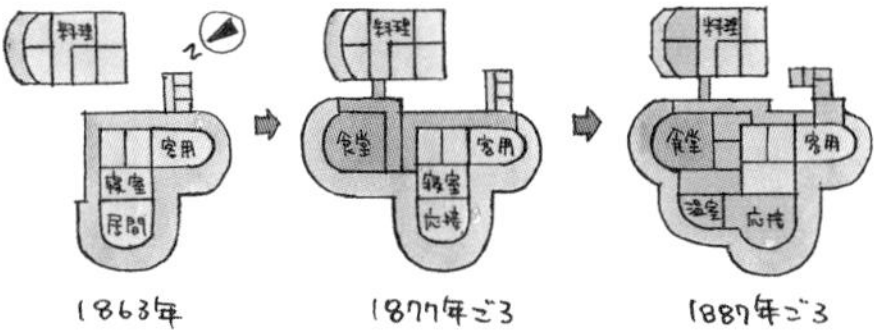
料理
客用
寝室
居間
1863年
料理
食堂
客用
寝室
応接
1877年ごろ
料理
食堂
客用
温室
応接
1887年ごろ

この家を建設した棟梁の小山秀は、大浦天主堂も手掛けた人物。海外視察したわけでもないのにこんな豊かな空間をつくってしまうのはただ者ではない。ちなみに、小山秀は、放送作家の小山薫堂の高祖父である

OURA CHURCH

四半世紀かけて花びら形に

至長崎駅↑
長崎電気軌道
34
大波止駅
出島駅
長崎湾
新中華街駅
長崎水辺の森公園
メディカルセンター駅
崇福寺駅
大浦海岸通駅
ながさき出島道路
大浦天主堂駅
石橋駅
グラバー園
(旧グラバー住宅)
大浦
天主堂
至長崎IC→
0
500m

指定 重要文化財

建設時期 第1期は1863年。
維新後に段階的に増築

設計者 トーマス・グラバー、小山秀

- 通常8：00〜18：00
（入園終了は17：40） 無休
- 大人620円
※工事のため閉鎖中（2020年9月現在）。
2022年再開予定。
- 花壇があるのは南西側
- 長崎県長崎市南山手町8-1
- JR長崎駅から路面電車で大浦天主堂
もしくは石橋下車、徒歩8分

正面玄関のある西側外観

明治時代

28 道後温泉本館

じっくりと見たい

愛媛県松山市
明治27年

道後温泉は「日本書紀」にも登場する
日本最古の温泉。
1894年、初代の道後町長である
伊佐庭如矢の発案により、木造三層楼が建設された。
後の文豪、夏目漱石が松山に赴任したのは
その翌年。漱石の好んだ3階の1室は
「坊っちゃんの間」となっている。本館上の振鷺閣《しんろかく》は、
毎朝6時に太鼓の音で開館を告げる

「小説」としての建築

松山の路面電車を終点で下車。アーケードの商店街を抜けると、開けた広場に出る。そこに堂々たる姿を見せているのが、現在も道後温泉の外湯としてたくさんの人を集める道後温泉本館だ。

西側正面は豪快な唐破風を載せた入り口が中央にあるが、立面は左右非対称だ。北側に回ると、障子張りの建具で覆われた開放的なファサードで、屋根からは櫓《やぐら》が突き出ている。さ

指定 重要文化財

建設時期 第1期は1894年（明治27年）。戦後まで段階的に増築

設計者 坂本又八郎（第1期）

神の湯・階下は6：00〜23：00、神の湯・2階席、霊の湯・2階席、霊の湯・3階個室は22：00まで（※2020年9月時点では霊の湯、神の湯の一部は工事中のため利用不可）

神の湯・階下は大人420円、神の湯・2階席は大人840円

正面玄関は西側。4面すべてデザインが異なる

愛媛県松山市道後湯之町5-6

伊予鉄道市内電車・道後温泉駅下車、徒歩5分

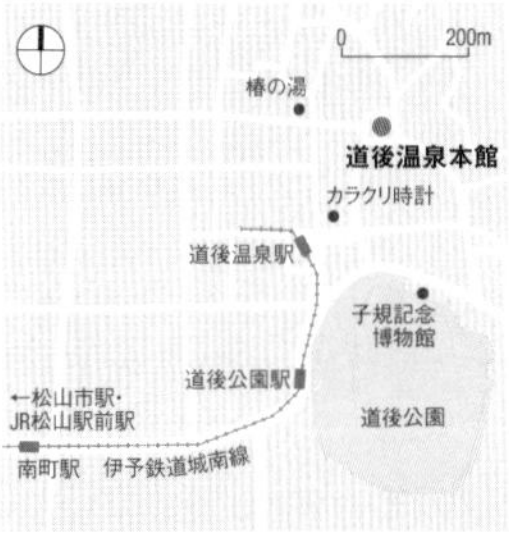

らに東側へ移れば、今度は銅板でふいた破風が幾重に連なって、格の高さを見せつける。

◆増改築で生まれた魅力

方位によって意匠が全く異なる理由は、長期にわたって段階的につくられたからだ。北側の神の湯本館が一番古くて、1894年の完成。続いて東側の又新殿《ゆうしんでん》と霊《たま》の湯が1899年に完成する。南側は養生湯という別の外湯があったところで、1924年に建て替えられた。10年後に、西側の玄関棟が別の場所から移築され、ほぼ現在の姿となる。

建物の主要部を設計したのは、松山城の城大工だった坂本又八郎だ。屋根裏をのぞくと、洋小屋のトラスが入っており、当時の新工法が採り入れられたことが分かる。外観上は和風だが、これもまた近代建築なのだ。

現在の道後温泉本館には神の湯、霊の湯の2種類の浴場と、それぞれの休憩室、そして又新殿という皇室専用の浴室がある。奇妙なのは神の湯で、男子の浴場は脱衣所が1つで浴室が2つ。一方、女子の浴場は、浴室は1つなのに脱衣所が2つに分かれている。実は男子浴室が当初の神の湯の男女浴室で、女子浴室は養生湯の男女浴室だった。神の湯の脱衣所と養

建築は「点」ではない。「線」であり、「面」である――。

そのことも確信した今回の巡礼であった。…と、いきなりまとめから入りたくなるほどに、宮沢の心をがっちりとらえた道後温泉本館。

<南西から見る>
第1期は、北側のこの部分。

「ほかの所は何も見ても東京の足元にも及ばないが、温泉だけは立派なものだ」

小説「坊っちゃん」より。

夏目漱石の「坊っちゃん」で知られるこの建築だが、漱石の時代には北側(現・神の湯男性)だけだった。

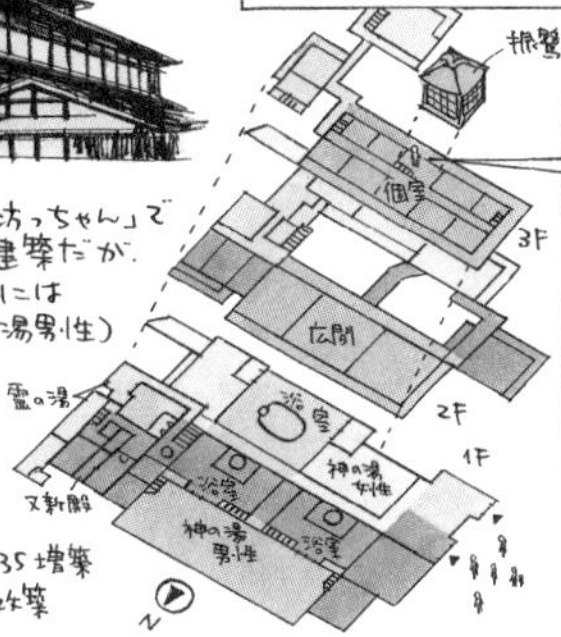

振鷺閣
個室
3F
広間
2F
1F
霊の湯
浴室
神の湯女性
又新殿
神の湯男性
浴室
N
□:1894竣工
□:1899増築
□:1924改築
□:1934改築、35増築
□:戦後に増改築

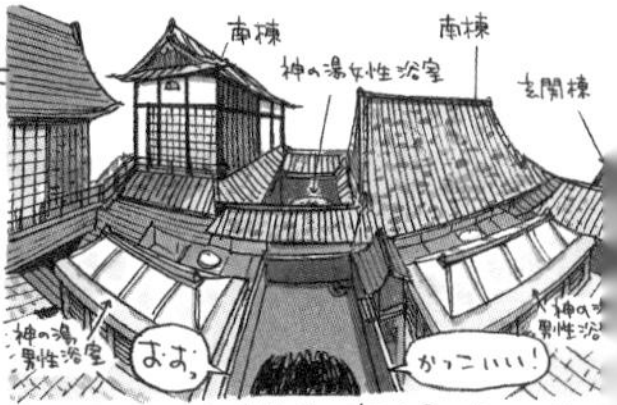

南棟
南棟
神の湯女性浴室
玄関棟
神の湯男性浴室
神の湯男性浴
おお。
かっこいい!

神の湯3階から建物中心部を見下ろすと、まる迷宮のよう。意図せぬごちゃごちゃ感が、漱石の時代にはなかったダイナミズムを生み出してい生湯の浴室で、それぞれ間仕切りを外して、神の湯を男子浴場に、養生湯を女子浴場に変えたというわけである。増改築で生まれた迷宮のような平面だが、それがまた魅力となっている。

◆「坊っちゃん泳ぐべからず」

この建物を竣工直後に訪れていたのが夏目漱石である。代表作の1つ『坊っちゃん』に、その描写がある。

松山を舞台とする『坊っちゃん』の主人公は、作者と同じく東京からこの地に赴任した若い教師だ。道後温泉は住田という地名で登場し、そこへ西洋手ぬぐいをぶら下げて毎日、通っている。

主人公は基本的に松山を田舎の町と見下しているのだが、「ほかの所は何を見ても東京の足元にも及ばないが温泉だけは立派なものだ」と高く評価している。なかなかなじめない赴任先で、故郷のようにくつろげる場所がこの建物だった、とも読める。

傑作なのが浴室でのエピソードで、ほかに人がいないのを見計らって湯船で泳いでいた入浴だけなら410円。2階広間で休憩してお茶を飲んでも840円。重要文化財なのにリーズナブル！

浴室	神の湯（男・女）		霊《たま》の湯（男・女）	
区分	入浴のみ	2階席	2階席	3階個室
		貸し浴衣、お茶、せんべい付き		
料金	410円	840円	1250円	1550円
営業	6:00～23:00	6:00～22:00		

※2014年時点。現在の情報はHP参照

当初の神の湯浴室は1934年に鉄筋コンクリート造に改修されているが、湯釜（湯の吹き出し口）は漱石の時代のものが今も使われている。

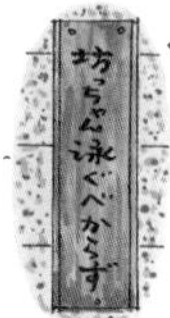

← これは、もちろん後世の人が付けたものだが、粋な演出だ。

入浴の後は2階の広間で休憩。北側の窓は全開放。あー、幸せ…。120年も前に、こんな付加価値型浴場を考えたのはすごい。これが道後湯之町初代町長・伊佐庭如矢が強引に進めた公共建築だということにも驚かされる。「100年後までまねのできないものを」と町民の大反対も押し切って建設したという。大工棟梁、坂本又八郎もグッジョブ！

しかし、伊佐庭町長が指揮したのは又新殿《ゆうしんでん》（1899年）まで。その後の各時代の建物も、変化に富みつつ、それでいて統一感もあり、実にいい感じ。無名のつくり手たちの"奇跡のコラボ"。

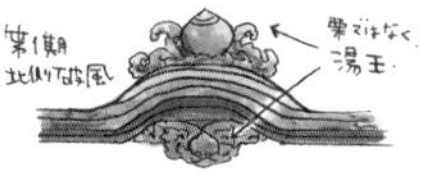

統一感にひと役買っているのが「湯玉《ゆだま》」のモチーフ。「分かりやすさ」って重要だなぁ。

ら、どうやら見られていたらしく、翌日に行くと「湯の中で泳ぐべからず」との注意書きが張られていたという。

これを受けて、実際の神の湯の男子浴室にも、同じ文句が書かれた札がかかっている。漱石が入浴した時の気分を追体験できるような仕掛けでうれしい。

◆建築家志望だった小説家

ところで漱石は、実は建築家になることを夢見ていた。そのことは「落第」という随筆（１９０６年）で明かされている。自分のような変人でも仕事としてやっていけるのが建築家だから、というのが志望の理由。ピラミッドでもつくるようなつもりだったが、友人から「日本では文学の方が後世に作品を遺《のこ》せる」と忠告されて、そちらに転身したという。

しかし、漱石は、文学において建築家を志した、と解釈することもできる。

松山や熊本での教師生活の後、漱石は政府の派遣で英国に留学する。建築家でいえば、辰野金吾の英国留学に比すべきものだ。辰野は帰国して、日本銀行本店や中央停車場（東京駅丸の内駅舎）といった国家的プロジェクトを手掛ける。同じ役割を文学で果たすことを、漱石は求められていたのである。

ロンドンで漱石は「文学論」の執筆に取り組む。それは科学的といえるまでに精緻な分析を積み上げた本格的な評論だった。石造の建物群に囲まれながら、西洋の様式建築のように立派で確固たる文学の大伽藍《だいがらん》をつくろうとしたのだ。

しかし漱石はこれを完成できないまま、メンタル面を患って、途中帰国を余儀なくされる。日本に戻って漱石が著したのは「小説」である。小説とは、天下国家を論じる「大説」に対して、風俗、流行、市井の小事件を扱うものだ。そのジャンルにおいて、漱石は近代社会に直面する人間の苦悩や葛藤を描いて、文学者として名を成した。

ここからは推測だが、建築家ではなく小説家になった漱石が、共感をもって接することができたのが、道後温泉本館のような建物だったのではないか。

辰野が設計した銀行、駅、公会堂といった建築が「大説」としての建築なのに対し、道後温泉本館は「小説」としての建築である。それは大建築家の手になる崇高さや美しさには欠けるが、雑多な造形の集積による楽しさで満ちている。それが悩める近代人である漱石をも、癒やしたのだ。

洋館の東側外観

29

明治時代

旧松本家住宅

ちらりとでも見たい

北九州市
明治43年

石炭業で成功した松本健次郎の住宅兼迎賓館。洋館と日本館から成り、洋館は辰野金吾が設計を担当。曲線を多用するアールヌーボー様式のデザインが特徴的だ。日本館は洋館の建築監督でもあった久保田小三郎の設計。第二次大戦後、進駐米軍に接収され、1952年からは西日本工業倶楽部の会館として利用されている。

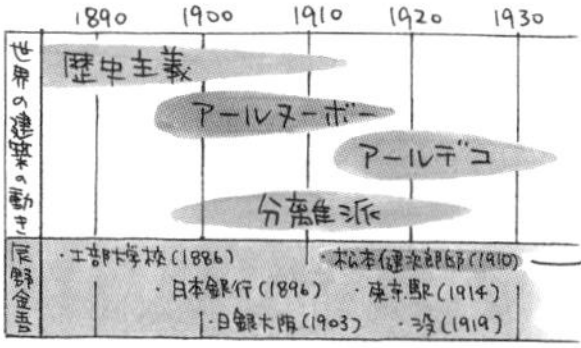

辰野金吾が活躍した1900年代初頭は、世界の建築史のなかでは歴史主義への反発からアールヌーボーやアールデコ、分離派（ゼツェシオン）などの新たなデザイン運動が台頭・衰退を繰り返していたころだ。

辰野金吾といえば、徹底した歴史主義で日本建築界のドンとなった人物である。その辰野にアールヌーボーの住宅があるという。

それが、北九州市の「旧松本家住宅」だ。

庭園に面した南側の外観が素晴らしい。ハーフティンバー（木としっくい）の鮮やかな模様もさることながら、左右非対称の立面構成が建築好きの心をぐっとつかむ。京都の飛雲閣にも例えたくなるほどの絶妙なバランス。辰野にこんな一面があったとは驚き。

辰野がクライアントのリクエストでアールヌーボーに取り組んだのか、自らの意志で試みたのかは定かでない。しかし、辰野がイヤイヤではなく、ノリノリでやっていることは、各部のデザインを見れば明らか。

例えば、食堂のデザインは→

と、思わず声が出てしまうカエルの顔のような壁面装飾

部屋ごとに異なる照明のデザインもかっこいい！こんな辰野も悪くない。

辰野金吾のカエル食堂

指定 重要文化財
建設時期 1910年（明治43年）
設計者 辰野金吾（辰野片岡事務所）

- 通常時に見られるのは洋館の東側外観のみ。年2回春と秋の内部公開時は10：00～17：00。火曜不定休
- 無料
- 通常時は洋館の東側外観のみ。前庭は南向き
- 福岡県北九州市戸畑区一枝1-4-33
- JR小倉駅からタクシーで20分。西鉄バスの場合は明治学園前下車、徒歩約5分。JR戸畑駅から車で7分

ざっくり分かる！

日本の建築5000年史

古い建物を訪ね歩くと、背景にある歴史の流れが知りたくなる。とはいえ日本建築の専門書を読むのは骨が折れる。そこで若手建築史家の伏見唯氏に、日本の建築5000年の流れをざっくり解説してもらった。

P○は本書の掲載ページ

「五月雨の降残してや光堂」「尊さに皆おしあひぬ御遷宮」——。いずれも松尾芭蕉が中尊寺金色堂と伊勢神宮式年遷宮に臨んで詠んだ句です。旅する俳聖は日本中を巡り、各所で数々の名句を残してきましたが、ときには芭蕉の目の前に、今も残る名建築があり、その感性を引き出したに違いありません。旅は、その土地の名建築との出会いでもあります。

旅するライターの磯達雄氏と、編集者兼イラストレーターの宮沢洋氏が巡る先々にも名建築がありました。そうした旅先の出会いを、改めて時系列で整理するのが本稿の役割です。

多少前後する部分もありますが、各時代ごとに本書に掲載された名建築と、その立地に焦点を当てた背景を簡単に記していきます。

先史〜飛鳥

東の縄文、西の弥生

縄文時代と弥生時代は、そのときに普及していた文化をもとにした歴史の時代区分ですが、弥生時代の文化が流入した後も、縄文時代の文化が継承されて続縄文文化を展開した地域もあり、時系列だけでは説明しきれない性格があります。

歴史学者の網野善彦氏は、土器の文様の分析などから縄文時代には東日本の方が複雑多様な文化を生み出したとし、逆に弥生文化は西から流入すると短期間の間に西日本一帯に伝播したと指摘しています。

実際に、縄文時代の三内丸山遺跡（青森）と大湯環状列石（秋田）は東日本、弥生時代の吉野ケ里遺跡（佐賀、P154）は西日本にあり、おおよそ東に狩猟採集の文化、西に水稲耕作の文化が興隆したとみると分かりやすいでしょう。

これは当初の稲の品種が東日本に適していなかったからともいわれています。また、薩摩半島の南方沖にある鬼界カルデラが縄文時代に大噴火したことで、西日本の一部の縄文文化を途絶えさせたとも考えられています。

ただし、これは一時期の傾向で、東日本にも弥生の登呂遺跡（静岡）、西日本にも縄文の上野原遺跡（鹿児島）などの重要遺跡があることを付記しておきます。

「形式」を守る神社建築

日本最古の建築遺構は法隆寺西院伽藍《がらん》（奈良、P72）です。現在でも建ち続けている寺院の建物としては法隆寺が最も古いものです。けれども神社建築にはもっと古い形式を伝えるものがあります。神社建築は昔の形式や伝統を墨守しようとする性格が強く、時代が下った新しい建物にも古式が残っているのです。

その性格をより強めているのが「式年遷宮」です。神社や時代によって状況は異なりますが、おおよそ元の状態と同じように神社建築を建て替える行事です。なかでも伊勢神宮（三重）の式年遷宮が有名で、２０１３年の遷宮は62回目とされています。**出雲大社**（島根、Ｐ１１２）も２０１３年に、遷宮を伴う修理が行われました。

この伊勢神宮の正殿と、出雲大社本殿、そして住吉大社本殿（大阪）は、簡素な切妻造で庇が付かず、最も古い本殿形式だと考えられています。『日本書紀』や『古事記』には、この伊勢や出雲をはじめとした数々の神社の創立の説話が記されています。

伊勢や出雲に限らず、全国にある古い神社は次第に国家によって統制されていきました。『延喜式』（９２７年）によると、当時官社に列せられた神社は３８６１カ所もありました。また、ある地域で最も格の高い神社が「一宮」と称されるようにもなりました。

本書に掲載されている神社では、**厳島神社**（広島、Ｐ１２８）が安芸国の一宮、**吉備津神社**（岡山、Ｐ１３６）が備中国の一宮です。厳島神社を今のような海上の大規模な社殿群に整備したのは平清盛であり、今の社殿群は13世紀や16世紀に再建されました。吉備津神社も、今の比翼入母屋造《ひよくいりもや》といわれる特異な形態の本殿は、15世紀に再建されたものです。

仏教伝来による寺院造営

神社は、もともと日本に根付いていた土着の信仰を礎にして広まりましたが、仏教は公伝では6世紀半ば頃に大陸から伝来してきた宗教です。『日本書紀』によれば、まずは蘇我氏が小墾田の家に仏像を安置し、向原の家を寺とした、とされています。

最初は邸宅の改造や草堂のようなものでしたが、仏教に反対する物部氏との合戦に勝利した蘇我馬子が、飛鳥真神原で法興寺（飛鳥寺、奈良）の経営を開始したことで、最初の本格的伽藍が誕生しました。少し遅れて、聖徳太子が四天王寺（大阪）と**法隆寺**（奈良、P72）を創建したといわれています。

この頃の寺院の多くは一族の繁栄を祈る氏寺でした。飛鳥に都が置かれた飛鳥時代のことです。

現在の法隆寺西院伽藍（金堂、五重塔、中門、回廊）は、創建時のものではなく後に再建されたとするのが今では定説ですが、それほど時代は下らず、7世紀から8世紀初頭の建築だと考えられています。

なおこの頃、飛鳥東方の山奥に、大化の改新で蘇我氏を滅ぼした中臣鎌足の墓を移したと伝わる妙楽寺が創建されました。妙楽寺が明治時代の神仏分離令によって神社となったのが、**談山神社**（奈良、P80）です。今は神社ですが、仏塔の十三重塔が見られます。

奈良

寺院の建立を国策に

飛鳥時代の後、710年に都が平城京に置かれて奈良時代になると、仏教を利用して内政を安定しようという国家鎮護のため、国家の監督のもとで寺院が造営されました。特に大きな事業が、各国に国分寺の建立を命じた「国分寺建立の詔」です。今も各地に国分寺の遺跡が見つかっています。そして、それらを総括する総国分寺として創建されたのが**東大寺**（奈良、P90）です。

東大寺の奈良時代の建物としては、転害門と本坊経庫、そして増改築されているものの法華堂（三月堂）が残っています。東大寺は焼き討ちを受けたこともあり、ほかは後の再建ですが、南大門を見ても分かる通り、その時代の技術と表現を象徴するかのような建築に仕上がっています。

南大門は鎌倉時代の初めに中国の宋から導入された大仏様《だいぶつよう》、もしくは天竺様と呼ばれる建築様式でつくられています。大仏様は、東大寺大勧進職を務めた重源によってつくられた播磨の**浄土寺浄土堂**（兵庫、P98）でも見られます。

平城京には国家による官寺ばかりではなく、私寺もありました。例えば鑑真が開いた学問寺である**唐招提寺**（奈良、P82）です。学問寺であるため、平城宮朝集殿を移築して、まずは講堂を整備したといわれています。本尊仏を安置する中心堂を金堂と呼びますが、奈良時代以前に建立された金堂で現存しているものは、この唐招提寺金堂、法隆寺金堂、そして小さな海竜王寺西金堂（奈良）の3棟しかありません。意外と少ないですが、平城京の大伽藍を見れば往時の南都七大寺の興隆がしのばれます。

平安

山中にも寺を建てる

794年、平安京に都が置かれました。平安時代になると、空海と最澄により、真言宗と天台宗が日本に伝来され、密教美術が展開していきました。教義を広く発していくそれまでの仏教とは異なり、個別に教義を伝授するものでした。これは顕教と密教という言葉で対比されています。

そうした性格もあって、密教では山中での修行が行われ、空海は高野山に金剛峰寺（和歌山）、最澄は比叡山に延暦寺（滋賀）を創建しました。奈良では、都市の名建築が印象的ですが、この頃のものでは、山中の名建築も目立ってくるようになります。

多宝塔という、まんじゅうのような白壁のある二層の塔も密教建築の特徴のひとつです。平安時代に密教化が進んだ**石山寺**（滋賀、P22）において現存最古の多宝塔を見ることができます。

また日本には、山を崇拝する山岳信仰が古来からありました。そのため神仏を問わず、山の自然の霊力を身につけようと山々をわたって修行をする修験者や山伏もいます。密教はこの山岳信仰とも結び付いていきました。山岳信仰の霊地でもある密教寺院のひとつとして、**三仏寺**（鳥取、Ｐ１２０）がよく知られています。

三仏寺投入堂を見ると分かるように、山中に建築を建てるのは大きな困難を伴います。こうした崖に張り出した建築のつくり方を懸造りと呼び、後の時代には、山中や崖地の霊場が多い観音信仰においてよく見られ、**清水寺本堂**（京都、Ｐ52）や笠森寺観音堂（千葉）で用いられています。

京と東北に「浄土」の世界

平安時代は密教美術だけでなく、浄土教美術も盛んになりました。平安時代の文化は、中国からの影響の強い唐風と対比され、日本的な国風文化と称されることもありますが、そのひとつが浄土教美術です。

浄土とは、如来や菩薩が支配する清浄な国土であり、その極楽浄土に往生して成仏することを願うのが浄土信仰。その浄土信仰が、末法思想とともに、政治の中心にいた摂関家の藤原氏をはじめとした当時の貴族に普及しました。そして、死後の往生を願う、いわば「死の芸術」が浄土教美術であり、文化へと昇華したのです。建築としては、藤原氏の別荘地に、荘厳な意匠と苑池でもって浄土を表現した**平等院鳳凰堂**（京都、P14）が、ひとつの極地です。

さらに阿弥陀信仰の高まりもあり阿弥陀浄土を表現するため、多くの阿弥陀堂もつくられました。法界寺阿弥陀堂（京都）などがあります。

また中央ばかりではなく東北の奥羽地方には、奥州藤原氏と呼ばれる有力な豪族の支配地がありました。その本拠が世界遺産にもなった平泉です。平泉は仏都として華やかに造営されました。そのときの浄土教建築が中尊寺金色堂（岩手）です。跡地としては毛越寺庭園（岩手）があります。奥州藤原氏の初代・藤原清衡の娘による白水阿弥陀堂（福島）も名作です。

鎌倉〜室町

禅宗寺院が日本に伝来

鎌倉時代になり、源平の合戦に勝利した源頼朝が、武家政権を鎌倉に創設しました。京から離れ、政治の中心を東に置く、武家社会にとって画期的な出来事でした。鎌倉整備に当たって、石清水八幡宮（京都）を勧請し（神仏の分霊を他の場所に移してまつること）、鶴岡八幡宮（神奈川）が現在地に置かれました。武家の守護神である八幡神を、領内に勧請したのです。

またこの頃、禅宗が日本に伝来しました。座禅などの修行を特徴とし、栄西が伝えた臨済宗、道元が伝えた曹洞宗などがあります。その後、武家の保護などもあり禅宗は広まっていき、臨済宗では中国にならった寺院の格付けである五山が、京都と鎌倉で定められました。

そういった宗派の伝来とともに日本に伝えられた禅宗様《ぜんしゅうよう》、もしくは唐様《からよう》と呼ばれる建築様式があります。鎌倉時代初期の遺構は残っていませんが、鎌倉五山の第二位にあたる円覚寺舎利殿（神奈川）では、禅宗様の典型を見ることができます。慈照寺銀閣（銀閣寺、京都、P24）の上層も禅宗様でつくられています。また詳細は不明ですが、龍安寺石庭（京都、P32）も禅寺の庭園です。

和様と禅宗様が並走

この禅宗様は禅宗寺院を中心にして広まったと思われますが、禅宗ではない寺院にも用いられながら、さらに従来の和様《わよう》（日本様）や大仏様とも混ざり合って、折衷様と呼ばれる建築も生み出すに至っています。折衷様としては観心寺金堂（大阪）や鶴林寺本堂（兵庫）が知られています。

京都にもないわけではありませんが、鎌倉での禅宗の興隆のためか、関東周辺には優れた禅宗様の建築が何棟も残っています。正福寺地蔵堂（東京）、安楽寺八角三重塔（長野）、清白寺仏殿（山梨）などです。

なお、中世に禅宗様が広まったとはいえ、従来の和様も発展的に受け継がれています。大報恩寺本堂（京都）や三十三間堂（京都）などが、この頃につくられた和様建築です。

古代以来、日本では中国から輸入した建築様式を、徐々に日本的なものにつくり変え、和様の文化を築いてきました。そのようななかで禅宗様の導入は、その状況を一転し、和様とは別系統の建築を誕生させました。この二系統が並走する意識はその後何百年も続くことになります。

安土桃山

戦国が生んだ天守

15世紀末、応仁の乱などによって室町幕府が衰退し、代わりに戦国大名が覇を競う戦国時代になると、各地に城郭建築が造営されました。古いものは軍事的に天険を利用した山城でしたが、家臣団の居住や政治経済の要請から平城も築かれるようになりました。また平野のなかの丘陵や山などに築き、両者を利用したのが平山城であり、最も多用されました。

城郭は石垣や土塀、櫓、渡櫓などからなる複合建築群ですが、特に印象深いのが天守ではないでしょうか。戦乱時の司令塔であるばかりでなく、平時においても家臣や領民の精神的な支柱だったと思われますから、高層で堅固であるばかりでなく、意匠も壮麗雄偉なものでした。山城の天守は備中松山城（岡山）、平城は松本城（長野）が唯一残り、平山城は例えば犬山城（愛知）や**姫路城**（兵庫、P106）があります。

戦国以降、かなりの数の城郭が築かれましたが、江戸時代に制定された一国一城令など様々な理由で取り壊され、江戸時代以前に建てられたもので現存している天守は12棟のみです。天守ではないものの、**熊本城宇土櫓**（熊本、P164）も創建当時から残る貴重な遺構です。

なお、本土の戦乱の一方で、沖縄では長い戦国が終わり琉球王国が成立していましたが、そちらの戦国の激しさを物語る城、**グスク**（沖縄、P162）の遺跡も多数残されています。

戦国大名が茶に没頭

天下人の出現とともに戦乱の世が終結していくと、天下統一の気運、海外文化の受容と展開などが重なり、桃山文化が生まれました。例えば権力者の死後につくられた霊廟建築は、彫刻や彩色などで彩られ、極めて豪壮華麗につくられました。壮麗さが伝えられる豊臣秀吉の豊国廟は現存しませんが、その流れをくむ徳川家康の日光東照宮（栃木）において、その一端をうかがい知ることができます。

また戦国大名の間で茶の湯が流行し、この時期には茶道も隆盛しました。茶道が草庵茶室の美を育み、千利休の**待庵**（京都、P40）、織田有楽斎の如庵（愛知）などの名作を生みます。さらに後には、こうした茶道の好みが、住宅にも数寄屋風の意匠として取り入れられ、**桂離宮**（京都、P42）や聴秋閣（神奈川）などに展開したともいえます。

絢爛《けんらん》豪華な日光東照宮と、わび・さびの世界を極小空間に凝縮した草庵茶室。相反しているようですが、宗教の世界ばかりでなく人間の思いが横溢《おういつ》したような様相には、共通しているところがあるかもしれません。

江戸

庶民が主役の建築が登場

それまでの時代と比べれば、江戸時代は平和だったといってよいでしょう。平和な江戸時代には商業の発達によって庶民の富裕化も進み、庶民が主役といえる建築もつくられています。

まず宗教行事に民衆が参加するものが多く見られます。例えば、「一生に一度は」といわれ、多くの人たちが遠方から長野へ参詣した善光寺参り。鳥居を奉納する**伏見稲荷大社**（京都、P60）の千本鳥居。そして老若男女がいつでも登山参拝できるように富士山を模してつくられた富士塚などであり、それらは宗教的な修行というだけではなく一種の娯楽要素も含んでいました。

二重らせんの構造をもつ会津さざえ堂（福島）も庶民文化らしい建築です。本来は各地を巡礼する三十三観音などを一棟の堂に安置し、堂内を進むと、すべてを参拝したことになるという仕組みで、こうしたさざえ堂は関東から東北にかけてつくられました。

もちろん歌舞伎や相撲などの娯楽そのものも盛んでした。日本最古の芝居小屋として金比羅大芝居（香川、P174）が残っています。さらに娯楽ばかりでなく、庶民教育のために岡山藩が直営でつくった閑谷学校（岡山、P144）もあります。

彫刻や民家も江戸の見どころ

派手好きの庶民文化の影響か、江戸時代には大工の職能の分化も進み、彫刻を得意とする大工も現れ、極致といってよいほどに繊細かつ複雑なものが彫られるようになりました。新勝寺三重塔（千葉）、歓喜院聖天堂（埼玉）、さらに屋根まで複雑化した岡太《おかもと》神社・大瀧神社（福井）などで見ることができます。

また江戸時代になると、一般庶民の住まいである民家の遺構も数多く残っているので、当時の状態が分かります。構造には共通点があるものの、地域差も見られ、各地の風土に適したつくられ方をしています。平面がL字型をした南部の曲屋《まがりや》（岩手）、急勾配の屋根をもつ白川郷の合掌造（岐阜）、棟がコの字のくど造（佐賀、福岡）など、風土に沿った特徴ある民家形式が全国各地にあります。石垣で囲われ、赤瓦がふかれた中村家住宅（沖縄、P166）も、まさに沖縄らしい住宅です。

明治以降

西洋化する東京と地方

周知の通り、日本では明治維新前後から、西洋化と近代化が大きく進みました。近代的な科学技術だけでなく、西洋の様式や思想も併せて導入したのです。両者はなかなか分けづらい状態で入ってきたといってよいと思います。様々なものが西洋化、そして近代化していきましたが、必要性の度合いもあって、導入の順序がありました。

まず、近代的あるいは西洋的な機能の建物は、それまでの日本に類例が少なく、変化が早く進みました。富岡製糸場（群馬）はその典型で、いわゆるお雇い外国人に製糸場の諸々を任せて建設したこともあり、建築にも木骨レンガ造やトラスなどの西洋および近代の技術が取り入れられています。産業面では手宮機関車庫（北海道）などの鉄道施設も同様です。開智学校（長野）や済生館本館（山形）といった学校や病院でも西洋風の意匠が取り入れられましたが、これらは江戸時代以来の伝統的な大工棟梁の手によって西洋建築がつくられた、いわゆる「擬洋風」と呼ばれるものです。

また国内外の貴賓のための迎賓館といえる建物も従来はなく、東京では鹿鳴館（東京、現存せず）、地方でも函館区公会堂（北海道）などが洋風でつくられています。このほか特殊な用途としては、江戸時代末に洋式軍学を採り入れた五稜郭（北海道）が築造され、網走刑務所（北海道）の舎房はレンガ造でつくられました。

外国人居留地の住宅ももちろん洋風建築で建てられました。グラバー邸（長崎、P182）が現存遺構では古く、横浜や神戸の居留地にも洋館が建てられていきます。

日本人建築家の登場

ただし、初期の洋館は日本人が設計していたわけではなく、多くは外国人が手掛けていました。後に工部大学校（現・東京大学工学部）ができて、建築家が育成されると、日本人の住宅も、日本人の手によって政治家や実業家の家を中心に洋風化されました。

工部大学校で教べんをとったジョサイア・コンドルが三菱の岩崎久彌邸（東京）や六華苑（三重）を、その生徒だった辰野金吾が**松本家住宅**（福岡、P192）、同じく片山東熊が赤坂離宮（東京）などを設計しています。

公共建築も、新たに誕生した日本人建築家たちによって西洋風で設計されていきました。例えば、**京都国立博物館**（京都、P62）を片山東熊、日本銀行本店（東京）、東京駅（東京）を辰野金吾が担当しました。辰野は、地方でも**浜寺公園駅**（大阪、P108）や日本銀行小樽支店（北海道）を設計しています。

なお、こうした時代にあっても、社寺や住宅では江戸時代以来の伝統的な建築技術も連続して用いられ、洋風化されたのは一部です。明治以降の技術や材料、表現をもって和を展開した近代和風建築も見られます。**道後温泉本館**（愛媛、P184）や斜陽館（青森）などがその典型です。

明治維新後の西洋化と近代化は、古代の仏教伝来や、中世の禅宗伝来などと同じように「外来文化の受容」の時期ととらえることができます。いずれも、日本人の特徴として、外から伝来したものをすぐに自分のものにして洗練させる能力を示しているともいわれます。
日本的なものを常に基底に据えながら、新しさにも敏感な日本人。芭蕉も『奥の細道』で、「不易を知らざれば基立ちがたく、流行を知らざれば風新たならず」と記しています。

執筆者　伏見唯（ふしみゆい）
1982年東京都生まれ。早稲田大学大学院修士課程修了後、新建築社、早稲田大学大学院博士後期課程を経て、2014年伏見編集室設立。専門は日本建築史。博士（工学）。

おもな参考文献

●太田博太郎『日本建築史序説 増補第二版』（1989年、彰国社）
●日本建築年表編集委員会『図説 日本建築年表』（2005年、彰国社）
●網野善彦『東と西の語る日本の歴史』（1998年、講談社）
●新東晃一『南九州に栄えた縄文文化・上野原遺跡』（2006年、新泉社）
●稲垣栄三『神社と霊廟』（1968年、小学館）

●『日本建築史基礎資料集成 一 社殿Ⅰ』(1998年、中央公論美術出版)
●『日本建築史基礎資料集成 四 仏堂Ⅰ』(1981年、中央公論美術出版)
●『日本建築史基礎資料集成 五 仏堂Ⅱ』(2006年、中央公論美術出版)

あとがき1
繰り返し訪れて見えるもの

本書の執筆にあたっては、19カ所の建物をじっくりと取材した。とり上げた建物は、大きく2つのグループに分けられる。

1つは法隆寺、東大寺、清水寺、などといった、一般の旅行客も多く訪れる有名な観光地としての建物。もう1つは、浄土寺浄土堂、桂離宮といった、普通の観光ツアーではあまり訪れないが、建築の専門家からは高く評価されている建物である。

前者については、この取材で訪れる前に、既に見ているものがほとんどだった。その中には、修学旅行で訪れた建物もある。中学校と高校では京都、奈良に出かけて、法隆寺、東大寺、清水寺などを回った。

しかしその建物の感想はというと、良かったも悪かったもない、ほとんど何も印象が残っていないのである。もう三十数年前のことだし、子どもだったのでしかたがないのだが、行ったことだけは覚えているので、本書の取材というきっかけがなかったら、二度と訪れることはなかったかもしれない。

訪れてどうだったかというと、いずれの建物も非常に興味深かった。これまでに現代建築を見てきた経験や、建築以外の知識を基にして、それぞれの建築の良さ、面白さを見つけることができたのである。

＊＊＊

修学旅行が無駄というつもりはない。若ければ若いなりに、何かを感じたことは間違いない。しかし大人になったから訪れ直してみると、それまでに積み重ねた経験値が、建築の見え方をグンと面白くしてくれる。教養を身に付ければ付けるほど、楽しめる鑑賞ポイントが増えていくのである。繰り返し訪れることによって自分の成長が確かめられる、そんな相手なのだ、建築は。

本書を手に取った読者にも、そんな2回目、3回目の建築訪問の楽しさを味わってほしい。この本はそんな鑑賞法の手引きになることを意識した。

＊＊＊

一方、後者に分類される、いわばツウ向けの建物は、本書の取材で初めて訪れたものがほとんどであった。

それらの取材では、新鮮な驚きで建物に接することができた。もっとも、執筆する段階になると、名だたる建築家や建築史家が残したそれぞれに興味深い批評が既にあるので、それらを読みこなすだけでも大変である。建築の解釈自体に、歴史の積み重ねがあるのだ。

それらを踏まえながらも、同じことの繰り返しに終わらぬよう、書く際には心がけたつもりである。

このグループに属する建物は、見学に事前の申し込みが必要だったり、交通の便が悪かったりと、見るまでのハードルが高かったりもする。しかし、行けば十分にその元は取れるものばかりである。そのことは保証しておく。

さあ、出かけよう。歴史建築への旅へ。

2014年11月

磯 達雄〔建築ライター〕

あとがき2

「体験」の高め方

修学旅行で奈良や京都を訪れたときに、先生からこんなことを言われた気がする。「その建物の前に立って、じっと見なさい。そして感じなさい――」。少なくとも筆者（宮沢）に関していえば、この助言は間違っていたと思う。宮沢少年は、どの歴史建築を見ても、ただ「古い」ということしか感じられなかった。

相棒の磯達雄も書いているが、大人になってから再訪したそれらの建物は、全く違う体験をもたらした。どれを見ても、「ほおっ」「なるほどっ」「ひょおおっ」と、感嘆の声ばかり。それは自分が年をとって、ものの感じ方が変わったからか？　筆者は違うと思う。格好良く言うと、「体験の高め方」が変わったのだ。

＊＊＊

一応、仕事なので、行く前にはそれなりに調べる。事前勉強である程度、頭の中にイメージが出来上がったところで現地を訪れる。すると、想像通りの部分もある一方で、想像を超えている部分も多い。それが感嘆の声の理由だ。何も調べないで感嘆の声が出る人は、よほど美意識が高い人か、もともと豊富な知識が頭の中にインプットされている人だろう。

そして、東京に帰ってからは、自分が注目した点について理由を調べる。それが分かったときには、「そうだったのか！」と1人でテンションが上がる。

ここでは取材後記代わりに、筆者のテンションが最高潮となった仰天日本遺産を挙げてみた（左ページ）。

1人でも多くの人が、本書をきっかけに、歴史建築を見る楽しさを再発見してくれることを願っている。

2014年11月

宮沢　洋〔日経アーキテクチュア副編集長（当時）〕

仰天 歴史建築ベスト5〈西日本編〉● 宮沢選

1 三仏寺投入堂（鳥取県三朝町、P120）

「体験」の重要性をこれほど痛感させる建築はない。何しろ、堂を目にするまでの道のりが命がけ。女優も登ってるし、楽勝だろうくらいに思って行ったら大間違いだ。サラリと立つ堂のデザインもさることながら、最後の最後まで堂の姿を見せない動線の設定も見事。「世界遺産に」という動きもあるが、ユネスコの偉い人たちには登れないのでは？

2 桂離宮（京都市西京区、P42）

見に行く前に、井上章一氏の著書『つくられた桂離宮神話』を読んだこともあり、「本当は大したことないんじゃないの？」と少しうがった見方で臨んだ。が、実物を目の前にすると、一瞬にして気分はブルーノ・タウト。「涙ぐましいまでに美しい！」。そして、この特徴的な雁行（ギザギザ型）配置が親子2代、50年近くかけてつくられたことを考えると、感激も倍増。

3 龍安寺石庭（京都市右京区、P32）

何の予備知識もなく訪れても、感じるものはあるだろう。だが、多くを感じたいならば、京都周辺の有名な枯山水をいくつか先に見ておくことをお薦めする。ほかにも美しい枯山水は多いが、龍安寺石庭は抽象性の点で突出している。「何かを感じる」というよりは、「何かを考えずにはいられない気持ちに誘導する」のがこの石庭の特徴であることが分かる。

4 吉野ケ里遺跡（佐賀県吉野ケ里町、P154）

遺跡なんてどこを見ても同じ、と思っていた。しかし、この遺跡の復元建物は、現代の目で見ても格好いい！　あまりの美しさに、これは復元というより、中心となった棟梁・田中文男のオリジナルだろう、と突っ込みを入れたくもなる。だがそれは、思い込みを打破し、古代史研究に新たなイマジネーションを喚起せよ、という田中のメッセージともとれる。

5 平等院鳳凰堂（京都府宇治市、P14）

誰もがほぼ毎日目にしている鳳凰堂の図像。そう、10円玉に刻印されている横長の建物だ。恥ずかしながらこの取材まで、鳳凰堂がピロティ状の建物だとは知らなかった。横長の建物を細い柱で持ち上げて「浮いてます」感を強調し、さらに正面に池を設けて逆さまに見せる。こんなに軽やかで、エンタメな建築だったとは！　ある意味、日本で一番誤解されている建築かも。

本書は、２０１４年に日経ＢＰ社より刊行された『旅行が楽しくなる日本遺産巡礼　西日本30選』を一部内容を更新し編集したものです。

磯 達雄 いそ・たつお

1963年生まれ。88年名古屋大学工学部建築学科卒業、日経BP入社、『日経アーキテクチュア』編集部に配属。2002年編集事務所フリックスタジオ、20年Office Bunga共同主宰。桑沢デザイン研究所・武蔵野美術大学非常勤講師。宮沢洋との共著に『昭和モダン建築巡礼』『ポストモダン建築巡礼』等。

宮沢 洋 みやざわ・ひろし

1967年生まれ。90年早稲田大学政治経済学部政治学科卒業、日経BP入社、『日経アーキテクチュア』編集部に配属。2016～19年同誌編集長。20年に独立し磯達雄とOffice Bungaを共同主宰。

日経プレミアシリーズ｜444

絶品《ぜっぴん》・日本《にほん》の歴史建築《れきしけんちく》［西日本編《にしにほんへん》］

二〇二〇年十月八日　一刷

著者　磯 達雄　宮沢 洋

編者　日経アーキテクチュア

発行者　白石 賢

発行　日経BP
日本経済新聞出版本部

発売　日経BPマーケティング
〒一〇五―八三〇八
東京都港区虎ノ門四―三―一二

装幀　ベターデイズ

組版　マーリンクレイン

印刷・製本　凸版印刷株式会社

ISBN 978-4-532-26444-4　Printed in Japan

日経プレミアシリーズ 435

遊遊漢字学 中国には「鰯」がない

阿辻哲次

中国から受容した漢字から、ひらがなとカタカナを作り、それらをまじえて表記してきた日本の書き言葉。日本における漢字は表意文字である特性から独自の変化を遂げてきた。ふだん何気なく使っている文字や四字熟語から、漢字という便利な道具の奥深さが見えてくる。

日経プレミアシリーズ 438

地形と日本人

金田章裕

私たちは、自然の地形を生かし、改変しながら暮らしてきた。近年頻発する自然災害は、単に地球温暖化や異常気象だけでは説明できない。防災・減災の観点からも、日本人の土地とのつき合い方に学ぶ必要がある。歴史地理学者が、知られざるエピソードとともに紹介する、大災害時代の教養書。

日経プレミアシリーズ 440

ダイヤモンド 欲望の世界史

玉木俊明

ダイヤモンドは欲望の代名詞。人々はなぜこの炭素物質に魅了されるのか？ 古代ギリシャ、大航海時代から覇者デビアスの誕生・凋落、紛争ダイヤ、合成ダイヤまで、人々の欲望をめぐって成長してきたダイヤモンドビジネスの謀略にまみれた知られざる歴史を追う。